Dietrich Bonhoeffer

Die Antwort auf unsere Fragen

Gedanken zur Bibel

Herausgegeben von Manfred Weber

Gütersloher Verlagshaus

Die Deutsche Bibliothek – CIP-Einheitsaufnahme

Bonhoeffer, Dietrich:
Die Antwort auf unsere Fragen: Gedanken zur Bibel / Dietrich Bonhoeffer.
Hrsg. von Manfred Weber. –
Gütersloh: Gütersloher Verl.-Haus, 2002
ISBN 3-579-02332-2

Alle zitierten Texte folgen der Rechtschreibung und Zeichensetzung
Dietrich Bonhoeffers.

ISBN 3-579-02332-2
© Gütersloher Verlagshaus GmbH, Gütersloh 2002

Das Werk einschließlich aller seiner Teile ist urheberrechtlich
geschützt. Jede Verwertung außerhalb der engen Grenzen des Urheberrechts-
gesetzes ist ohne Zustimmung des Verlages unzulässig und strafbar. Das gilt
insbesondere für Vervielfältigungen, Übersetzungen, Mikroverfilmungen und
die Einspeicherung und Verarbeitung in elektronischen Systemen.

Umschlaggestaltung: Init GmbH, Bielefeld
Satz: Weserdruckerei Rolf Oesselmann GmbH, Stolzenau
Druck und Verarbeitung: GGP Media, Pößneck
Printed in Germany

Besuchen Sie uns im Internet: http://www.gtvh.de

>»Ich glaube, daß die Bibel allein die Antwort
auf alle unsere Fragen ist, und daß wir nur
anhaltend und etwas demütig zu fragen brauchen,
um die Antwort von ihr zu bekommen.«[1]
Dietrich Bonhoeffer

»Zur Konfirmandenzeit las er schon seit längerem selbständig in der Bibel, und zwischen den schwarzen Deckeln befand sich kein Roman.«[2]

Dieser biografische Hinweis von Eberhard Bethge ist nicht unwesentlich, um zu verstehen, was es für Dietrich Bonhoeffer bedeutete, die Bibel zu lesen oder »zum ersten Mal zur Bibel zu kommen« wie er es in einem Brief formulierte (s. S. 9).

Für die Textauswahl dieses Buches ist aber bestimmend, dass Bonhoeffers Äußerungen zur Bibel (Heilige Schrift, Gottes Wort) und die Auseinandersetzung damit – zur einer anderen Zeit gedacht, gesprochen und geschrieben – sich als höchst aktuell erweisen, für den Einzelnen, für die Kirchen, für Christen und Nichtchristen.

In der Osterausgabe 2002 einer überregionalen Wochenzeitung lesen wir: »Die Bibel ist ein Buch ohne das man nichts versteht.« Gemeint ist hier nicht die biblische Geschichte, sondern das Geschehen in unserer Zeit. »Es wäre sinnlos zu verheimlichen, dass die Bibel ein Buch des Glaubens ist. Doch ist sie deswegen kein Buch nur für Gläubige. Gerade der Zweifel hat sich immer wieder an ihr entzündet.«[3] Das ist die Situation, in der Dietrich Bonhoeffers Texte sich neu erschließen, fordernd und helfend zugleich.

Die Darstellungsformen der Texte sind verschieden: Briefe, Meditationen, Auslegungen, Predigten, Vorlesungen, Seminararbeiten. Dadurch ergeben sich unterschiedliche Zugänge, leichtere und schwierigere, aber insgesamt wird deutlich, welche zentrale Rolle die Bibel jeweils einnimmt, und welche Bedeutung sie für wissenschaftliche Arbeit, für Predigten, Bibelarbeit, Seelsorge und für persönliche Lebensführung hat.

Der Spannungsbogen dieses Buches reicht unter anderem von der Thematisierung der historisch-kritischen Forschung bis zu einer Bibelarbeit, in Auswahl, über Psalm 119. Im Winter 1939/1940 intensivierte Bonhoeffer seinen langjährig eingeübten Umgang mit den Psalmen und hielt nun eine Interpretation von Psalm 119 »für die Krönung eines theologischen Lebens.«[1]

Die Anordnung der Texte folgt den Lebensdaten Dietrich Bonhoeffers. Ausnahmen sind Texteinschübe aus inhaltlichen Gründen in den Kapiteln »Menschen Wort und Gottes Wort« und »Altes Testament und Neues Testament«. Ganz bewusst erhielten aber die beiden Rahmentexte am Anfang und am Ende des Buches »Eine große Befreiung« und »Die Antwort« ihren Platz. Beide Texte sind Briefe aus dem Jahr 1936 und für den Zugang zur Thematik dieses Buches hilfreich. Im ersten Brief wird »in sehr persönlichen Worten die durch die Bibelbegegnung bewirkte Lebenswende des erfolgreichen Theologen irgendwann vor 1933«[2] angedeutet. Der zweite Brief ist ein seelsorgerischer Brief, in dem einem gebildeten, anteilnehmenden und doch distanzierten Laien dargelegt wird, »wie das

Bekenntnis zur Bibel, dem fremden Ort des fremden
Wortes Gottes, eigentlich gemeint ist. Es geht beim Bibel-
umgang um ein intensives Suchen und Fragen. Ohne das
ist keinerlei Antwort zu erhalten.«[1]
Die eingefügten Zwischentexte sind nicht als Gliederungs-
system zu verstehen, sondern wollen zugespitzt Bonhoeffers Auseinandersetzung mit der Bibel und ihre Bedeutung für sein Leben aufzeigen. Rechtschreibung und
Zeichensetzung Bonhoeffers sind nicht geändert.

Dietrich Bonhoeffer suchte mit und in der Bibel Antwor-
ten auf die Fragen, die die Christenheit und damit die
Kirchen bewegen sollten. Er suchte Antwort auf die Frage,
warum es für uns Menschen »sich allein lohnt zu leben«[2].
In einer Forderung und Mahnung eines Theologen unserer Zeit begegnet uns ein Grundanliegen von Dietrich
Bonhoeffer neu: »Statt unablässig an ihrem eigenen Wei-
terreden herumzubasteln, sollte die Kirche eine Schule
des Hörens kultivieren, des Hörens auf die Bibel und des
Hörens auf die Menschen.«[3]
Was für die Kirche gilt, ist auch Aufforderung für den
Einzelnen. Und für den Einzelnen bleibt dann »die Entscheidung, ob wir dem Wort der Bibel trauen wollen oder
nicht« (s. S. 94).

Ostern 2002   *Manfred Weber*

*Auf das Kind Dietrich Bonhoeffer machte der Tod des
Bruders Walter und der wilde Schmerz der Mutter
unauslöschlichen Eindruck. Drei Jahre danach überreichte
sie ihm zur Konfirmation die Bibel, welche Walter 1914
zu der seinen bekommen hatte. Sein Leben lang benutzte
sie Bonhoeffer zur persönlichen Schriftmeditation und zu
den Gottesdiensten.*

Am 23. April 1918 wurde
Walter Bonhoeffer verwundet und
starb am 28. April 1918

Eine große Befreiung

... Ich stürzte mich in die Arbeit in sehr unchristlicher und undemütiger Weise. Ein wahnsinniger Ehrgeiz, den manche an mir gemerkt haben, machte mir das Leben schwer und entzog mir die Liebe und das Vertrauen meiner Mitmenschen. Damals war ich furchtbar allein und mir selbst überlassen. Das war sehr schlimm. Dann kam etwas anderes, etwas, was mein Leben bis heute verändert hat und herumgeworfen hat. Ich kam zum ersten Mal zur Bibel. Das ist auch wieder sehr schlimm zu sagen. Ich hatte schon oft gepredigt, ich hatte schon viel von der Kirche gesehen, darüber geredet und geschrieben – und ich war noch kein Christ geworden, sondern ganz wild und ungebändigt mein eigener Herr. Ich weiß, ich habe damals aus der Sache Jesu Christi einen Vorteil für mich selbst, für eine wahnsinnige Eitelkeit gemacht. Ich bitte Gott, daß das nie wieder so kommt. Ich hatte auch nie, oder doch sehr wenig gebetet. Ich war bei aller Verlassenheit ganz froh an mir selbst. Daraus hat mich die Bibel befreit und insbesondere die Bergpredigt. Seitdem ist alles anders geworden. Das habe ich deutlich gespürt und sogar andere Menschen um mich herum. Das war eine große Befreiung. Da wurde es mir klar, daß das Leben eines Dieners Jesu Christi der Kirche gehören muß und Schritt für Schritt wurde es deutlicher, wie weit das so sein muß. Dann kam die Not von 1933. Das hat mich darin bestärkt. Ich fand nun auch Menschen, die dieses Ziel mit mir ins Auge faßten. Es lag mir nun alles an der Erneuerung der Kirche und des Pfarrerstandes ... Der christliche Pazifismus, den ich noch kurz vorher leidenschaftlich bekämpft hatte, ging mir auf einmal als Selbstverständlichkeit auf. Und so ging es weiter, Schritt für Schritt. Ich sah und dachte gar nichts anderes mehr ...

Die Autorität der Bibel ist keine aufweisbare Sache, sondern bedingt durch die Entscheidung vom einzelnen oder von der Gemeinde her im Glauben.

Sommersemester 1932

Menschenwort und Gottes Wort

Christliche Religion steht und fällt mit dem Glauben an
die in der Geschichte wirklich, greifbar, sehbar gewordene
– freilich für die, die Augen haben zu sehen und Ohren
haben zu hören – göttliche Offenbarung, und trägt so in
ihrem innersten Wesen die Frage nach dem Verhältnis
von Geschichte und Geist oder, auf die Bibel angewandt,
von Buchstabe und Geist, Schrift und Offenbarung, Menschenwort und Gotteswort. Man kann es keinem verweh-
ren, die Bibel als ein Buch unter anderen zu betrachten, ja
wir müssen es alle tun, denn es waren Menschen wie
andere, die es schrieben. Aber ausschließlich mit diesen
Voraussetzungen tritt der Historiker an die Bibel heran,
das eine Buch unter anderen, das freilich eine merkwür-
dig viel größere Bedeutung gewann, als die anderen. Eine
Geschichte der christlichen Religion von annähernd 2000
Jahren ruht auf ihm als Grundlage, also ohne Zweifel ein
Dokument unter anderen, aber von hervorragender histo-
rischer Bedeutsamkeit. Kein Wunder, daß hier die histo-
rische Kritik ihren ersten und bleibenden Gegenstand
fand, daß sie hier ihre Waffen schärfen lernte bis ins
feinste hinein.

Ihre allgemeinen Prinzipien ruhen auf dem naturwissen-
schaftlich-mechanischen Weltbilde, und ihre Erkenntnis-
methoden sind zunächst die naturwissenschaftlichen;
jede dogmatische Bindung wird ausgeschaltet. Dies die

Grundpfeiler, auf denen jede Geschichtsforschung ruht und ruhen muß. Ihre Erkenntnisse sollen durch die prinzipielle Trennung von erkennendem Subjekt und erkanntem Objekt ›allgemeingültige‹, für jeden vernünftigen Menschen nachzuvollziehende sein. Das wachsende Interesse für die Psychologie, das neue Theorien über das Wesen des Verstehens fremden seelischen Lebens mit sich brachte – im übrigen im Verhältnis zu den mechanischen Methoden ein gewaltiger Fortschritt der geschichtlichen Erkenntnis als solcher –, konnte für das Verständnis der Bibel keine entscheidende Wendung bringen.

An der Form der Bibel exemplifiziert bedeutet dies Verfahren, daß der Begriff des Kanons aufgelöst, sinnlos wird. Text- und Literarkritik setzen ein, die Quellen werden geschieden, religionsgeschichtliche und formgeschichtliche Methode zersplittern auch die letzten kleinen Texteinheiten. Nach dieser vollkommenen Zertrümmerung der Texte verläßt die Kritik den Kampfplatz, Schutt und Splitter zurücklassend, ihre Arbeit scheint erledigt. Inhaltlich ebnet man das Bild der Bibel der Zeitgeschichte ein, Wundergeschichten werden in Parallele gesetzt, ja die Person Jesu selbst, nicht nur der göttlichen, sondern auch der menschlichen Hoheit entkleidet, verschwindet unkenntlich in der Zahl der Rabbiner, Weisen und Schwärmer. Zwar wird auch der denkende Historiker anerkennen, daß es in diesem Buch um besonders eigenartige, tiefsinnige Dinge geht, daß man Gestalten von besonderen Ausmaßen erblickt u.s.f. – er wäre sonst wahrlich ein schlechter Historiker, aber ein ebenso schlechter Historiker, wenn er glaubte, mit solchen Feststellungen die Bibel als Wort Gottes erweisen zu können.

Es gibt keinen historischen Zugang zu der Person Jesu, der für den Glauben verbindlich wäre. Der Zugang über den geschichtlichen Jesus geht allein über den Auferstandenen, über das Wort des sich selbst bezeugenden auferstandenen Christus. Es geht um den Auferstandenen, der selbst den Glauben schafft und den Zugang zur Historizität ermöglicht. Von hier aus ist das Wort der Historie, die Christus behaupten oder ablehnen will, irrelevant. Im Glauben ist die Geschichte von der Ewigkeit her erkannt, nicht von sich selbst, von innen her.

Daneben muß aufrechterhalten werden, daß das Zeugnis von Jesus als dem Auferstandenen kein anderes ist als das, was uns von der Bibel überliefert ist. Wir bleiben auch als glaubende Menschen nüchtern und sachlich. Wir müssen dieses Buch der Bücher mit allen menschlichen Mitteln lesen. Aber durch die brüchige Bibel hindurch begegnet uns Gott als der Auferstandene.

*Und sollten nun einige unter uns ehrlich sagen müssen: wir
haben nichts gehört, und sollten andere vielleicht ebenso
ehrlich glauben sagen zu müssen: wir haben unendlich viel
gehört – so laßt mich dem beiden gegenüber eine große Sorge
aussprechen, die sich mir die ganze Konferenz über mit wach-
sender Schwere aufgedrängt hat: ist es nicht in allem, was wir
hier miteinander geredet haben, immer wieder erschreckend
deutlich geworden, daß wir der Bibel nicht mehr gehorsam
sind? Wir haben unsere eigenen Gedanken lieber als die
Gedanken der Bibel. Wir lesen die Bibel nicht mehr ernst,
wir lesen sie nicht mehr gegen uns, sondern nur noch für uns.
Wenn diese ganze Tagung hier einen großen Sinn gehabt
haben soll, so wäre es vielleicht der, uns zu zeigen, daß wir
ganz anders die Bibel lesen müssen, bis wir uns wiedertreffen.*

Dietrich Bonhoeffer in einer Ansprache
auf der internationalen Jugendkonferenz
in Gland am 29. August 1932

Der Anfang

>»Am Anfang schuf Gott Himmel und Erde,
und die Erde war wüst und leer;
und es war finster auf der Tiefe.
Und der Geist Gottes schwebte auf dem Wasser.«

(1. Mose 1,1-2)

An dem Ort, an dem die leidenschaftlichsten Wellen unseres Denkens branden, in sich selbst zurückgeworfen werden und ihre Kraft verschäumen, setzt die Bibel ein. Kaum ist uns ihr erstes Wort für einen Augenblick sichtbar geworden, da rasen schon wieder die Wogen heran und umhüllen es mit Kronen von Schaum. Daß die Bibel vom Anfang redet, das bringt die Welt, das bringt uns auf. Denn wir können nicht vom Anfang reden, dort wo der Anfang anfängt, hört unser Denken auf, ist es am Ende. Und doch ist es die innerste Leidenschaft unseres Denkens, es ist das, was jeder echten Frage letzten Endes Existenz verleiht, daß wir nach dem Anfang fragen wollen. Wir wissen, daß wir dauernd nach dem Anfang fragen müssen und daß wir doch nie nach ihm fragen können. Warum nicht? Weil der Anfang das Unendliche ist, und weil wir das Unendliche nur als das Endlose, also gerade als das Anfanglose denken können. Weil der Anfang die Freiheit ist und wir die Freiheit immer nur in der Notwendigkeit denken können, also als das eine unter anderem, aber nie als das Eine schlechthin vor allem anderen. Fragen wir, warum dies so sei, daß wir immer vom Anfang her und in bezug auf ihn hin denken und ihn doch nie denken, ja nicht einmal erfragen können, so ist dieses Warum? wieder nur der Ausdruck für eine Reihe, die ins Endlose zurückgetrieben werden könnte und doch den Anfang nicht erreichte. Das Denken kann sein eigenes letztes Warum nie beantworten, weil auch diese Antwort wieder ein Warum gebären würde.

Es entsteht die doppelte Frage: Ist dieser Anfang Gottes Anfang oder ist es der Anfang Gottes mit der Welt? Aber schon das Entstehen dieser Frage beweist, daß wir nicht mehr wissen, was Anfang heißt. Wenn über den Anfang nur geredet werden kann von dem, der in der Mitte sich ängstet um den Anfang und das Ende, von dem, der an seinen eigenen Ketten reißt, von dem, der nur in seiner Sünde um seine Geschaffenheit von Gott her weiß, – dann kann doch nicht mehr gefragt werden, ob dieser Anfang Gottes Anfang oder Gottes Anfang mit der Welt ist, da eben für uns Gott als der Anfang kein anderer ist, als der am Anfang die Welt schuf und uns schuf, und weil wir eben von diesem Gott garnicht anders wissen können als von dem Schöpfer unserer Welt. Wenn Luther auf die Frage, was Gott vor der Erschaffung der Welt getan habe, antwortete, er habe Ruten geschnitzt für Leute, die solche unnützen Fragen stellen, so schlägt er damit nicht nur dem Frager seine Frage ab, sondern er sagt zugleich, daß Gott eben dort, wo er nicht als der gnädige Schöpfer erkannt wird, nur als der zornige Richter gewußt werden muß, d.h. aber eben auch immer in Bezug auf die Mitte zwischen Anfang und Ende. Es gibt keine mögliche Frage, die hinter diesen am Anfang schaffenden Gott zurückgehen könnte. Es gibt also auch nicht die Frage nach dem Warum der Schöpfung, nach dem Weltplan Gottes, nach der Notwendigkeit der Schöpfung – eben diese Fragen werden endgültig erledigt und als gottlose Fragen aufgedeckt durch den Satz: Am Anfang schuf Gott Himmel und Erde. Nicht: am Anfang hatte Gott diesen oder jenen Gedanken über das Ziel der Welt, Gedanken, die wir nun weiter aufzufinden hätten, sondern am Anfang *schuf* Gott, und hinter den schaffenden Gott kann keine Frage zurück, weil man hinter den Anfang nicht zurück kann. Am Anfang, d.h. aus Freiheit, d.h. aus Nichts schuf Gott Himmel und Erde. Das ist der Trost, mit dem die Bibel uns in der Mitte, uns sich vor dem falschen Nichts, dem anfanglosen Anfang und endlosen Ende Ängstende anredet. Es ist das Evangelium, es ist Christus, der Auferstandene selbst, von dem hier gesagt wird. Daß Gott am Anfang ist und daß er am Ende sein wird, daß er frei ist über die Welt und daß er uns das wissen läßt, das ist Barmherzigkeit, Gnade, Vergebung, Trost.

Das Wort

>»Und Gott sprach:
es werde Licht und es ward Licht.«

(1. Mose 1,3)

Im Unterschied von allen Schöpfungsmythen, in denen
die Gottheit ihre Natur opfert, in denen aus ihrer natur-
haften Fruchtbarkeit die Welt entspringt, in denen also
die Schöpfung als ein Sichentfalten, Sichgestalten, Gebären der Gottheit verstanden wird, in denen also die
Schöpfung selbst ein Stück der Natur Gottes ist, in denen
also das Leiden der Natur, ihres Gebärens und Verge-
hens, das Leiden der Gottheit selbst ist, – im Gegensatz
zu all dem bleibt der Gott der Bibel ganz Gott, ganz
Schöpfer, ganz der Herr, und sein Geschöpf bleibt ganz
das unterworfene, gehorsame, ihn als den Herrn lobprei-
sende, anbetende. Er ist nie die Schöpfung. Er ist immer
der Schöpfer. Er ist nicht die Substanz der Natur; es ist
kein Kontinuum da, das ihn mit seinem Werk verbände,
vereinigte, – es sei denn sein *Wort*. Gott sprach ...; die
einzige Kontinuität zwischen ihm und dem Werk ist das
Wort, d.h. »an sich« ist kein Kontinuum da; ist das Wort
nicht da, so stürzt die Welt ins Bodenlose. Dies Wort
Gottes ist nicht seine Natur, auch nicht sein Wesen,
sondern sein Gebot – er selbst ist es, der in diesem Wort
denkt und schafft, aber eben er, als der, der dem Ge-

schöpf begegnen will als der Schöpfer. Gottes Schöpfertum ist nicht seine Natur, sein Wesen, sondern sein Wille, Gebot, in dem er sich selbst uns gibt, wie er will. Daß Gott im Wort schafft, heißt, daß Schöpfung Befehl, Geheiß Gottes ist und daß dieser Befehl frei ist. Gott *spricht*, d.h. er schafft ganz frei und bleibt auch in seinem Schaffen seinem Werk gegenüber noch ganz frei. Er ist nicht an das Werk gebunden, aber er bindet sein Werk an sich. Er geht nicht substantiell in sein Werk ein, sondern seine Beziehung zu seinem Werk ist sein Befehl; d.h. er ist nie anders in der Welt, als indem er schlechthin jenseits der Welt ist. Er ist als Wort *in* der Welt, weil er der schlechthin Jenseitige ist, und er ist der schlechthin Jenseitige, weil er *im Wort* in der Welt ist. Nur im Wort der Schöpfung kennen wir den Schöpfer, im Wort in der Mitte haben wir den Anfang. Also nicht »aus« den Werken erkennen wir den Schöpfer, als ob die Substanz, die Natur, das Wesen des Werkes letztlich nun doch irgendwie identisch wäre mit der Natur Gottes, als ob es da irgendein Kontinuum, etwa das von Ursache und Wirkung gäbe, sondern allein weil Gott durch sein Wort sich zu diesen Werken bekennt und weil wir dieses Wort über diese Werke *glauben*, darum glauben wir ihn als den Schöpfer.

Daß Gott spricht, ist zunächst im prägnanten Sinne zu verstehen. Wort heißt gesprochenes Wort, heißt nicht Symbol, Bedeutung, Idee, sondern die benannte Sache selbst. Daß Gott sprechend schafft, heißt, daß der Gedanke und der Name und das Werk in der geschaffenen

Wirklichkeit in Gott eines sind. Also nicht, daß das Wort
»Wirkungen« habe, sondern, daß das Wort Gottes bereits
Werk *ist*, darauf kommt es an. Was in uns hoffnungslos
auseinanderbricht, ist für Gott unlöslich eines: Das Wort
des Befehls und das Geschehen. Der Imperativ ist bei
Gott der Indikativ. Dieser folgt nicht aus jenem, er ist
nicht die Wirkung, sondern er *ist* es. Auch das Schaffen
Gottes kann man nicht als »Wirken« bezeichnen, weil
hierin der Befehlscharakter, die absolute Freiheit des
Schaffens, die im Wort, das eine bestimmte Wirklichkeit
umgreift, zum Ausdruck kommt, die Freiheit des Schaffenden vom Geschöpf nicht enthalten ist. Daß es aus
Freiheit ist, drückt das »Wort« aus, daß es aus Vollmacht
ist, drückt das Geschehen aus. Daß es für uns eine absolute Unmöglichkeit ist, Indikativ und Imperativ zusammen zu denken, ist der Hinweis darauf, daß wir nicht
mehr in der Einheit des Tatwortes Gottes leben, sondern
gefallen sind. Uns ist der Zusammenhang von Imperativ
und Indikativ immer nur als durch ein Kontinuum ver-
mittelt denkbar, meist unter dem Kausalitätsschema von
Ursache und Wirkung. Das berechtigt dann zu dem
Schluß von der »Wirkung« auf die »Ursache«. Gerade
dies gilt für die Schöpfung nicht; sie ist nicht »Wirkung«
des Schöpfers, an der man einen notwendigen Zusammenhang mit der Ursache (Schöpfer) ablesen könnte,
sondern sie ist in Freiheit im Wort geschaffenes Werk.
Daß Gott spricht und sprechend schafft, sagt die Bibel
seltsamer Weise erst dort, wo es um die Schaffung der
Gestalt, um das Entreißen der Form aus dem Gestaltlo-

sen geht. Dem Wort entspricht die Gestalt. Das Wort hebt heraus, umreißt, begrenzt das Einzelne, das Wirkliche, das Ganze. Das Wort ruft das Seiende aus dem Nichtsein, daß es sei. Es ist ein durchaus dunkler, gänzlich unzugänglicher Hintergrund, der sich hier hinter dem Schöpfungswort auftut. Es bleibt uns schlechterdings unmöglich, jenen ersten wortlosen Akt der Schöpfung zu begreifen, denn der Schöpfer ist Einer, und wir sind als seine Geschöpfe durch sein Wort geschaffen; diese zwei Augenblicke in Gott sind ein Akt, anders können wir es nicht sagen.

»Es werde Licht, und es ward Licht.« Weil es finster war auf der gestaltlosen Tiefe, darum muß das Licht die Gestalt schaffen. Wie die gestaltlose Nacht durch das Licht des Morgens zur Gestalt wird, wie das Licht die Gestalt enthüllt und schafft, so mußte jenes Urlicht das Chaos ordnen, die Gestalt enthüllen und schaffen. War jenes Wort von der Finsternis auf der Tiefe der erste Hinweis auf die Passion Jesu Christi, so ist nun die Befreiung der unterworfenen, gestaltlosen Tiefe zum eigenen Sein durch das Licht der Hinweis auf das Licht, das in der Finsternis scheint. Das Licht erweckt die Finsternis zum eigenen Sein, zum freien Lobpreis des Schöpfers. Ohne das Licht wären wir nicht – denn ohne das Licht gibt es kein Gegenüber, weil es keine Gestalt gibt. Ohne Gegenüber aber gibt es keine freie Anbetung Gottes. Die unterworfene Tiefe betete Gott an in unterworfener, dumpfer, unfreier Gegenüberlosigkeit, die Gestalt im Licht vernimmt das

Gegenüber-sein als ihr eigenes Sein und dankt es ganz dem Schöpfer. Die vom Licht gespendete Durchsichtigkeit, Klarheit und Unbeschwertheit des eigenen Seins im Gegenübersein mit der anderen geschaffenen Gestalt und mit dem Schöpfer ist das Werk des ersten Wortes des Schöpfers. In seinem geschaffenen Licht sieht die Schöpfung sein Licht.

Es geht mir weiter gut, ich bin gesund, darf täglich ¹/₂ Stunde ins Freie, und nachdem ich nun auch wieder rauchen kann, vergesse ich manchmal sogar für kurze Zeit, wo ich eigentlich bin! Ich werde gut behandelt, lese viel, außer Zeitung und Roman vor allem die Bibel.

Dietrich Bonhoeffer an seine Eltern.
Tegel, Ostersonntag 25. April 1943

Die Einheit

Daß die Bibel das Gotteswort ist und ein religiöses Ge-
dicht von Nietzsche nicht, das ist das unauflösliche Geheimnis der Offenbarung Gottes im Verborgenen. Der
biblische Text schließt aber als solcher die gesamte christliche Gemeinde als Einheit zusammen. Er vergewissert
uns unserer brüderlichen Verbundenheit nicht nur mit
der Gemeinde Christi aller Vergangenheit und Zukunft,
sondern mit der gesamten gegenwärtigen Gemeinde. Als
solcher ist der biblische Text von ungeheuer einender,
ökumenischer Bedeutung. Dies nicht nur objektiv, sondern auch psychologisch verstanden (Einheit-Einigkeit).
Das Bewußtsein brüderlichen Verbundenseins aber
verstärkt sich beim Hörer des Bibeltextes deutlich, daß
er alles, was ihm an tiefster Erkenntnis und Erfahrung in
solchem Text begegnet, als uraltes Gut christlichen
Denkens und Lebens erfährt, dankbar und ehrfürchtig
hört und lernt.

Die Endzeit

Christus geht durch das Kreuz, nur durch das Kreuz zum Leben, zur Auferstehung, zum Sieg? Das ist ja das wunderbare und viele Menschen so abschreckende Thema der Bibel, daß das einzig sichtbare Zeichen Gottes in der Welt das Kreuz ist. Christus wird nicht herrlich von der Erde zum Himmel entrückt, sondern er muß ans Kreuz. Und eben dort, wo das Kreuz steht, ist die Auferstehung nah. Eben dort, wo alle an Gott irre werden, wo alle an Gottes Macht verzweifeln, da ist Gott ganz, da ist Christus lebendig nahe. Wo es auf des Messers Schneide steht, ob man abtrünnig wird oder treu bleibt, dort ist Gott, ist Christus ganz. Wo die Macht der Finsternis das Licht Gottes vergewaltigen will, dort triumphiert Gott und richtet die Finsternis. So ist es nun auch, wenn Christus an den Tag denkt, der seiner Gemeinde bevorsteht. Seine Jünger fragen ihn nach den Zeichen seines Wiederkommens nach seinem Tode. Dies ist nicht ein einmaliges Wiederkommen, sondern ein ewiges Wiederkommen. Die Endzeit in der Bibel ist die ganze Zeit und jeder Tag zwischen Tod Christi und Weltgericht. Ja, so ernst, so entscheidungsvoll sieht das Neue Testament den Tod Christi.

Die Gabe der Wahrheit

Wir haben uns daran gewöhnt, in der Religion etwas zu sehen, was einem Bedürfnis der menschlichen Seele entspricht und dies Bedürfnis stillt. Etwas, das von der Unruhe des Daseins zur Ruhe, von der Hast in die Stille führen soll. Etwas, in dem wir ganz fern von unserem beruflich-alltäglichen Leben einmal ganz zu uns selbst kommen. Wir sagen dann wohl, Religion sei etwas Schönes, etwas Wertvolles, etwas Notwendiges im Leben. Sie sei das einzige, was den Menschen im tiefsten glücklich machen könne.

Aber wir vergessen darüber die eine entscheidende Frage, ob Religion auch etwas Wahres sei, ob sie die Wahrheit sei. Denn es könnte ja sein, daß die Religion wohl schön, aber nicht wahr ist, und daß dies alles eine schöne, fromme Illusion, aber eben doch eine Illusion sei. Und der wütendste Kampf gegen die Religion hat sich daran entzündet, daß man in der Kirche selbst oft so geredet hat, als ob die Wahrheitsfrage die zweite Frage in der Religion sei. Wer aber so redet, der sieht die Religion allein vom Menschen und seinen Bedürfnissen her und nicht von Gott und seinem Anspruch her. Und darum ist es wichtig, daß das eine ganz klar wird und daß wir uns dies vom Neuen Testament sagen lassen, daß es der Religion wesentlich nur auf eines ankommt, nämlich wahr zu sein. Wahrheit, das ist höchster Wert nicht nur in der Wissenschaft, sondern noch viel mehr und viel dringlicher in der Religion, auf die wir ja unser Leben begründen wollen. Aber wie erkenne ich dies, wovon die christliche Verkündigung redet, als Wahrheit? Und hier gibt die Bibel eine seltsame Antwort: »So ihr bleiben werdet an meiner Rede ... so seid ihr meine rechten Jünger und werdet die Wahrheit erkennen« (Johannes 8,31f.). Nicht durch freie Forschung, nicht durch uninteressiertes Denken und Suchen nach ihr, sondern allein durch den freien Lebensversuch, sein Leben einmal ganz auf das Wort Christi zu setzen; einmal ganz und gar mit ihm zu leben, ihm nachzuleben, ihn zu hören, ihm zu gehorchen. Erst wer sein Leben einmal so ganz eingesetzt hat, vermag zu urteilen, ob Christus die Wahrheit sagt und ist. Und Christus gibt die Verheißung: Wer das einmal wagt, der wird die Wahrheit erkennen. Nur im Leben erkennt man Wahrheit. Und zuletzt: Die Wahrheit wird euch freimachen! Das ist die Gabe der Wahrheit. Wer die Macht der Wahrheit hinter sich hat, ist der freieste Mann. Er fürchtet nichts, er ist durch nichts gebunden. Kein Vorurteil, kein schwächliches Nachgeben gegenüber trügerischen Hoffnungen, sondern gebunden an eines, an das Eine, an die Wahrheit, die die Wahrheit Gottes ist, die aller Wahrheit Bestand verleiht. Wer mit der Wahrheit Gottes ist, der ist wahrhaft frei. Gott mach uns frei.

Es hat nicht Sinn noch Recht, – was man heute nicht selten hören kann, – einer heutigen christlichen Gemeinde zu predigen, ein jeder müsse erst werden wie Maria Magdalena, wie der arme Lazarus, wie der Schächer am Kreuz, er müsse werden wie diese biblischen »Randgestalten«, ehe er das letzte Wort Gottes zu hören vermöchte. So sehr man auf diese Weise den Charakter der Letztlichkeit des Wortes Gottes unterstreichen möchte, so sehr untergräbt man ihn in Wirklichkeit. Der Inhalt der christlichen Botschaft ist nicht, zu werden wie eine jener biblischen Gestalten, sondern zu sein – wie Christus selbst. Dazu aber führt keine Methode, sondern der Glaube allein. Anders verlöre das Evangelium seinen Preis, seinen Wert. Die teure Gnade würde billig.

Die letzten und die vorletzten Dinge
1940/1941

Die frohe Botschaft

»Es war aber ein reicher Mann, der kleidete sich mit Purpur und köstlicher Leinwand, und lebte alle Tage herrlich und in Freuden. Es war aber ein Armer, mit Namen Lazarus, der lag vor seiner Tür voller Schwären, und begehrte, sich zu sättigen von den Brosamen, die von des Reichen Tische fielen; doch kamen die Hunde, und leckten ihm seine Schwären. Es begab sich aber, daß der Arme starb, und ward getragen von den Engeln in Abrahams Schoß. Der Reiche aber starb auch, und ward begraben. Als er nun in der Hölle und in der Qual war, hub er seine Augen auf, und sah Abraham von ferne und Lazarus in seinem Schoß. Und er rief und sprach: Vater Abraham, erbarme dich mein, und sende Lazarus, daß er das Äußerste seines Fingers ins Wasser tauche, und kühle meine Zunge; denn ich leide Pein in dieser Flamme. Abraham aber sprach: Gedenke, Sohn, daß du dein Gutes empfangen hast in deinem Leben, und Lazarus dagegen hat Böses empfangen; nun aber wird er getröstet, und du wirst gepeiniget. Und über das alles ist zwischen uns und euch eine große Kluft befestiget, daß, die da wollten von hinnen hinabfahren zu euch, könnten nicht, und auch nicht von dannen zu uns herüberfahren. Da sprach er: So bitte ich dich, Vater, daß du ihn sendest in meines Vaters Haus; denn ich habe noch fünf Brüder, daß er ihnen bezeuge, auf daß sie nicht auch kommen an diesen Ort der Qual. Abraham sprach zu ihm: Sie haben Moses und die Propheten; laß sie dieselbigen hören. Er aber sprach: Nein, Vater Abraham; sondern, wenn einer von den Toten zu ihnen ginge, so würden sie Buße tun. Er sprach zu ihm: Hören sie Moses und die Propheten nicht, so werden sie auch nicht glauben, ob jemand von den Toten aufstünde.«

(Lukas 16,19-31)

Man kann das Evangelium gar nicht handgreiflich genug verstehen und predigen. Eine rechte evangelische Predigt muß so sein, als ob man einem Kind einen schönen roten Apfel hinhält oder einem Durstigen ein Glas frisches Wasser und dann fragt: willst du? So müßten wir von den Dingen unseres Glaubens reden können, daß die Hände sich danach ausstrecken schneller als wir sie füllen können. So müßten die Menschen laufen und keine Ruhe haben, wenn vom Evangelium geredet wird, wie die Kranken einst zu dem umherziehenden heilenden Christus liefen, um sich heilen zu lassen (aber auch Christus hat mehr geheilt als bekehrt). Das ist doch wirklich keine Phrase. Sollte es nicht wirklich dort so sein, wo von der frohen Botschaft Gottes geredet wird? Aber es ist eben nicht so – das wissen wir alle.
Dabei darf man sich doch aber nicht beruhigen, als müsse das so sein. Sondern es kann doch im Grunde nur eines geben, nämlich daß man sich immer von neuem wieder fragt, warum das so sei. Und hier ist einer –

freilich nur einer – der Gründe der, daß wir uns einfach scheuen, das Evangelium so handgreiflich, so lebensnah zu nehmen, wie es ist. Wir haben das Evangelium vergeistigt, und d.h., wir haben es entlastet, verändert. Nehmt einmal unser Evangelium vom reichen Mann und vom armen Lazarus. Da ist es üblich geworden, den ganzen Sinn der Geschichte darin zu sehen, daß die Reichen den Armen helfen sollen. D.h., man macht aus ihr eine moralische Beispielerzählung. Und dabei ist gerade diese Geschichte, wenn man sie einmal ganz ursprünglich auf sich wirken läßt, etwas ganz anderes als dies, nämlich eine ganz handgreifliche Verkündigung der frohen Botschaft selbst. Freilich so handgreiflich, so massiv, daß wir sie schon gar nicht mehr ernst nehmen.

Denken wir uns, wie sich eine Menge von Kranken, Armen, Elenden, von armen Lazarussen um Christus versammelte und dieser nun zu erzählen begann vom armen, aussätzigen Lazarus vor der Schwelle des reichen Mannes, den sogar die Hunde noch quälten. Und wenn sich dann die Geschichte wendete bei den Worten: »Es begab sich aber, daß der Arme starb und ward getragen von den Engeln in Abrahams Schoß. Lazarus hat Böses empfangen in seinem Leben, nun aber wird er getröstet.« Da mögen Schreie der Freude und der Hoffnung durch die Menge gegangen sein. Das war die frohe Botschaft, das war das frische Wasser, nach dem man gierig griff. Das war die Liebe Gottes selbst, die so zu den Armen und Elenden redete. Ihr Verstoßenen, ihr

Benachteiligten, ihr Armen und Kranken, ihr Verachteten sollt getröstet werden. Ihr habt viel Leiden in der Welt, aber es soll nach kurzem ewige Freude und ewiger Trost über euch kommen. Seht auf den armen Lazarus, wie er verachtet vor der Schwelle des Reichen liegt und dann seht auf ihn, wie er in Abrahams Schoß Gottes Trost empfängt. Selig seid ihr, ihr Armen, denn das Reich Gottes ist euer. Selig seid ihr, die ihr hier unten hungert, denn ihr werdet satt werden. Selig seid ihr, die ihr hier weint, denn ihr werdet lachen. Freuet euch und hüpfet, denn euer Lohn im Himmel ist groß (Lukas 6,20-23).

So heißen die Seligpreisungen bei Lukas. Nichts von geistlich Armen (Matthäus 5,3), nichts vom Hungern nach der Gerechtigkeit (Matthäus 5,6), ist hier gesagt, sondern selig seid ihr Armen, ihr Hungernden, ihr Weinenden, wie wir euch in der Welt kennen. Selig seid ihr Lazarusse aller Zeiten, denn in Abrahams Schoß werdet ihr getröstet. Selig ihr Ausgestoßenen und Geächteten, ihr Opfer der Gesellschaft, ihr Männer und Frauen ohne Arbeit, ihr Zusammengebrochenen und Ruinierten, ihr Vereinsamten und Verlassenen, Vergewaltigten und Unrecht Leidenden, ihr Leidenden an Leib und Seele; selig seid ihr, denn Gottes Freude wird über euch kommen und ewig über eurem Haupte sein. Das ist das Evangelium, die frohe Botschaft von dem Anbrechen der neuen Welt, der neuen Ordnung, die die Welt Gottes und die Ordnung Gottes ist. Die Tauben hören, die Blinden sehen, die Lahmen gehen und den Armen wird das Evangelium gepredigt (Lukas 7,22).

Und bevor wir uns mit Zwischenfragen unterbrechen, hören wir noch die andere, die furchtbare Gegenseite. Da ist der reiche Mann, der sich in Purpur und köstliche Leinwand kleidete. Von ihm heißt es: »Der Reiche aber starb auch und ward begraben.« Das klingt schon sehr hart. Und nun muß er in der Hölle die Qual des ewigen Durstes erleiden, weil er satt und voll war auf der Erde. Er muß den armen Lazarus im Schoß Abrahams sehen und darum flehen, daß dieser ihm nur für einen Augenblick seinen Durst lösche. Aber auch das geht nicht an. »Gedenke, Sohn, daß du dein Gutes empfangen hast in deinem Leben.« Und dahinter hören wir die Worte: Weh euch, die ihr voll seid, denn euch wird hungern. Weh euch, die ihr hier lacht, denn ihr werdet weinen und heulen (Lukas 6,25). Weh euch, die ihr euch in Purpur kleidet und herrlich und in Freuden lebt, denn ihr sollt ewigen Durst haben.

Selig armer, ausgestoßener, aussätziger Lazarus gestern und heute, denn du hast einen Gott. Weh dir, der du herrlich und in Freuden und in Ansehen lebst, gestern und heute. Das ist die handgreiflichst gepredigte frohe Botschaft Gottes für die Armen.

Aber nun müssen wir erst eine Reihe von empörten Entgegnungen über uns ergehen lassen, ehe wir weitergehen.

Da sind in unserer Mitte immer solche, die besser wissen, was das Neue Testament sagen darf und was nicht, als das Neue Testament selbst. Das, was wir hier eben gesagt haben, ist ja eine grobe, fürs rohe Volk zugeschnittene Auslegung des Neuen Testaments. Darum könne es sich doch nicht handeln. Man müsse doch das, was im Neuen Testament wirklich so ähnlich klingt, wie wir es gesagt haben, vergeistigen. Wir nennen das »sublimieren«, d.h. verfeinern, erhöhen, vergeistigen, moralisieren. Es seien doch nicht einfach die äußerlich Armen, die selig gepriesen, und die äußerlich Reichen, die verdammt würden. Sondern die Hauptsache sei doch immer, wie man sich zu seiner Armut und zu seinem Reichtum einstelle. Auf das Äußere kommt es dabei überhaupt nicht an, sondern auf die Gesinnung: Reich in Gott, beziehungsweise arm in Gott ... Das Gefährliche an diesem Einwand ist, daß er zwar etwas Wahres enthält, aber doch im Grunde nur dazu dienen soll, uns selbst zu entschuldigen. Es ist ja so furchtbar leicht, sich von allen sogenannten Äußerlichkeiten auf die Gesinnung zurückzuziehen, äußerlich reich, aber in der sogenannten Gesinnung arm zu sein. Es ist so furchtbar leicht zu sagen, es sei robust, das Evangelium so zu verstehen, als gehe es darin um äußere Armut und Reichtum, während es doch darauf gerade nicht ankomme, sondern allein auf das Innere. Bitte, wo steht denn in der Geschichte vom armen Lazarus etwas von seinem Inneren? Wer sagt uns, daß er ein Mann gewesen sei, der sich zu seiner Armut innerlich recht gestellt habe? Im Gegenteil, er mag ein recht aufdringlicher Armer gewesen sein, sich dem Reichen vor die Schwelle zu legen und nicht wegzugehen. Wer sagt uns etwas über die Seele des Reichen? Das ist ja gerade das erschreckende an der Geschichte, daß hier überhaupt nicht moralisiert wird, sondern einfach von arm und von reich geredet wird und von der Verheißung und der Drohung über das eine und das andere. Hier sind diese Äußerlichkeiten offenbar durchaus nicht als Äußerlichkeiten, sondern ganz ungeheuer ernst genommen. Warum hat denn Christus die Kranken und Elenden geheilt, wenn es ihm auf solche Äußerlichkeiten nicht angekommen wäre? Warum ist Reich Gottes gleich: Taube hören, Blinde sehen (Lukas 7,22)? ... Und woher nehmen wir die wahnsinnige Überheblichkeit, diese Dinge, die Christus sehr handgreiflich gesehen und getan hat, zu vergeistigen?

Wir müssen ein Ende machen mit dieser unverfrorenen, scheinheiligen Vergeistigung des Evangeliums. Nehmt es, wie es ist oder haßt es aufrichtig!

Und dieser Haß ist nicht ausgeblieben, eben weil man das Evangelium so ehrlich nahm, wie es war. Er kommt von zwei verschiedenen Seiten.

Was geht uns ein Evangelium an, das für die Schwächlinge, die Unedlen, die Armen und Kranken gebracht ist? Wir sind Männer, gesund und stark. Wir verachten die Masse der Lazarusse. Wir verachten dies Armenevangelium. Es verdirbt unseren Stolz, unsere Rasse, unsere Kraft. Wir sind reich, aber mit Stolz. Das ist gewiß ehrlich geredet. Aber es ist auch unendlich leichtsinnig geredet und zugleich so voller Illusionen. Es ist ja so leicht, die Masse der Lazarusse zu verachten. Aber wenn dir nur ein einziger wirklich gegenübertritt, der arbeits-

lose Lazarus, der verunglückte Lazarus, der durch deine
Schuld ruinierte Lazarus, dein eigenes bittendes Kind
als Lazarus, die ratlose und verzweifelte Mutter, der zum
Verbrecher gewordene Lazarus, der gottlose Lazarus,
kannst du einem dieser einzelnen gegenübertreten und
ihm sagen: Ich verachte dich, Lazarus. Ich verhöhne die
Botschaft, die dich froh macht? Kannst du das wirklich?
Und wenn du es nicht kannst, warum tust du dann erst
so, als sei es etwas Großes, dies zu können?
Oder aber sollte es nicht vielleicht selbst schon eine
Verhöhnung sein, diejenigen, die hier in Elend und
Jammer leben, auf eine bessere Zukunft in einer anderen Welt zu vertrösten? Klingt es nicht fast so, als ob
man diese Unglücklichen damit nur davon abhalten will,
sich hier gegen ihr Geschick aufzulehnen? Als ob man
sie selig preist, nur damit sie ruhig bleiben, wie sie sind
und die anderen nicht belästigen? Ist es nicht geradezu
zynisch, wenn man vom himmlischen Trost redet, weil
man irdischen Trost nicht geben will? Ist dies Evangelium an die Armen nicht im Grunde Volksbetrug und
Volksverdummung? Zeigt es nicht, daß man im Grunde
das Elend gar nicht ernst nimmt, sondern sich zynisch
hinter frommen Phrasen verbirgt? Ach, unzählige Male
ist es so geschehen – wer wollte dies leugnen – bis in
unsere Gegenwart hinein. Aber ein Blick auf die Evangelien schon zeigt uns, was hier anders ist. Jesus preist die
Armen selig (Lukas 6,20); aber er heilt sie doch auch,
schon hier. Ja, das Reich Gottes ist da, denn die Blinden
sehen und die Lahmen gehen (Lukas 7,22). So ernst

nimmt er das Elend, daß er es im Augenblick schon zerstören muß. Die Gewalt der Dämonen muß gebrochen werden, wo Christus ist. Darum heilt er und darum sagt er zu seinen Jüngern: So ihr Glauben habt, werdet ihr größere Werke vollbringen denn ich (Johannes 14,12). Noch ist das Reich Gottes im Anbruch. Wie Wetterleuchten sind die Taten der Heilungen, wie Blitze aus der neuen Welt. Aber nun wird die frohe Botschaft um so gewaltiger. Selig seid ihr, die ihr weint, denn ihr werdet lachen, die ihr hungert, denn ihr werdet satt werden (Lukas 6,21). Kein zynisches Vertrösten, sondern die eine große Hoffnung: Die neue Welt, die frohe Botschaft, der barmherzige Gott, Lazarus in Abrahams Schoß, die Armen und Ausgestoßenen bei Gott – jawohl das mag furchtbar naiv und handgreiflich klingen. Aber wenn es doch wahr wäre? Wenn es doch wahr *ist*? Ist es dann auch noch naiv? Ist es dann auch noch ungeistig? Müssen wir dann nicht gerade unsere Ohren aufmachen und hören und wieder hören von dem unerhörten Geschehen, daß Lazarus – gestern und heute – von Engeln in Abrahams Schoß getragen wird? Und daß der Satte, der Volle, der herrlich und in Freuden lebt, der reiche Mann ewigen Durst leiden muß? Wir haben bis jetzt von den beiden so geredet, als hätten sie eigentlich nichts miteinander zu tun. Das ist offenbar nicht so. Lazarus liegt vor der Schwelle des Reichen und erst die Armut des Lazarus macht den Reichen reich, wie der Reichtum des anderen den Lazarus arm macht. Es ist nicht gesagt, was der Reiche, und nicht, was der

Arme getan haben oder auch nur hätten tun sollen, sondern das einzige gemeinsame Ereignis, das sie beide gleichmäßig betrifft, ist ihr Tod. Das ist das sonderbare Licht, unter das diese beiden Männer hier rücken, sie müssen beide sterben und es erwartet sie beide ein anderes Leben. Und diese Tatsache bindet sie näher aneinander als jedes moralische Gesetz, daß ein Reicher dem Armen helfen solle. Sie gehören ja im Grunde beide schon zusammen durch das gemeinsame Geschick, das ihnen beiden bevorsteht. Im Tode ist der Reiche nicht mehr reich und der Arme nicht mehr arm. Da sind sie eins und gleich. Und nach dem Tode geht ein Neues an, über das alle Mächte der Todeswelt keine Gewalt mehr haben. Dies offenbar aber ist es, was der reiche Mann nicht gesehen hat, daß seine ganze Welt eine Todes-welt ist und dahin muß und Gott ausgeliefert ist. Daß ihn Lazarus darum etwas angeht, weil sie beide sterben müssen und in einer anderen Welt leben sollen, weil sie Brüder des Todes und des Gerichtes sind. Das hat er nicht gesehen, daß hinter ihm und hinter Lazarus Un-endlichkeiten, Ewigkeiten stehen, hier stumm, unsicht-bar, verborgen unter der Hülle des Purpurs und des nackten Leibes des Lazarus, aber daß sie da sind und warten und wirklich werden. Und an dem Ernst dessen, was hier unter Ewigkeit gemeint ist, läßt wohl die Unterredung des dürstenden reichen Mannes und des Abraham keinen Zweifel.

Es soll nun aber auch grundsätzlich keine weitere Sicht-barmachung dieser Ewigkeit in der Welt stattfinden, wie sie der Reiche für seine Brüder erbittet, als sie in Mose und den Propheten, wir sagen heute in der Predigt der Kirche, gegeben sind. Sie haben in ihrer Todeswelt Mose und die Propheten, laßt sie die hören. Die Worte vom ewigen Gebot Gottes (Matthäus 5,17-19) und der Schwachheit und dem Elend des Menschen, der sterben muß (Psalm 39,5); von der Gnade Gottes über die Demütigen und seinem Gericht über die Starken; die Worte vom Kreuz des Christus zum Heil den Armen und Verlorenen, zum Fluch den Satten und Gerechten – laßt sie die hören und sie daran erinnern, daß sie alle mit Lazarus in derselben Todeswelt leben und hören sie die nicht, so werden sie auch nicht hören, ob einer von den Toten auferstünde. Sie werden selbst über diese sichtbarste Durchbrechung ihrer Todeswelt nicht erschrecken und nicht einsichtig werden. Sie werden sich dagegen wehren. Sie werden nicht wissen, daß der Lazarus vor der Tür ein ewiger Lazarus ist und sie werden an der Ewigkeit, die ihnen in Lazarus begegnet, vorübergehen. Und nun zuletzt: Wer ist Lazarus? Wer ist der reiche Mann? Und schließlich, was soll der reiche Mann denn tun?

Wer ist Lazarus? Du weißt es selbst: Dein ärmerer, äußerlich und innerlich nicht mit dem Leben fertig werdender, oft törichter, oft unverschämter, oft aufdringlicher, oft gottloser, aber doch unendlich bedürftiger und – ob wissend oder nicht – leidender Bruder, der die Brosamen von deinem Tisch begehrt. Du meinst vielleicht etwas wehleidig, du selbst seist Lazarus. Gott allein weiß es, ob du es bist. Du aber frage immer wieder, ob du nicht vielleicht doch gar der reiche Mann bist. Wer ist Lazarus? Immer der andere, der dir in tausend verächtlichen Gestalten begegnende gekreuzigte Christus selbst. Ja, er ist der ewige Lazarus selbst.

Und nun muß noch einmal gefragt werden: Wer ist Lazarus? Und hier muß ganz am Ende in aller Bescheidung doch der letzten Möglichkeit gedacht werden, am Rande aller menschlichen und göttlichen Möglichkeiten: Wir alle sind Lazarus vor Gott. Auch der reiche Mann ist Lazarus. Er ist der arme Aussätzige vor Gott. Und erst, wenn wir wissen, daß wir alle Lazarus sind, weil wir alle von der Gnade Gottes leben, sehen wir im Bruder den Lazarus.

Wer ist der reiche Mann? Unsere Geschichte antwortet auf diese Frage nicht. Gewiß, wir sind nicht reich. Wir sind nicht voll und satt. Wir leben nicht herrlich und in Freuden. Wirklich nicht? Ist das dein Ernst? Auch noch, wenn dir Lazarus begegnet? Oder begegnet er dir nicht? Sind wir wirklich nicht der reiche Mann? Eine andere Geschichte gibt uns die Antwort hierauf. Die Geschichte vom reichen Jüngling, der sehr fromm und sehr gerecht war, aber der traurig wurde, als er von seinen Gütern lassen sollte, und davon ging (Matthäus 19,16-22). Das ist der reiche Mann. Und wir?

Und nun: Was soll der reiche Mann tun? Die Antwort auf diese Frage steht in der Geschichte vom barmherzigen Samariter (Lukas 10,25-37). In unserer Geschichte steht nichts als dies: Sehen soll der reiche Mann, daß hinter ihm und Lazarus der Tod steht, und daß hinter Lazarus Gott selbst, Christus steht und die ewige frohe Botschaft. Sehen sollen wir. Sehen den armen Lazarus in seiner ganzen abschreckenden Jämmerlichkeit und dahinter den Christus, der ihn zu seinem Mahl geladen hat und ihn selig preist. Laß dich sehen, armer Lazarus, laß dich sehen, Christus im armen Lazarus. Ach, daß wir sehend werden möchten.

*Ich gehe wieder einmal durch Wochen, in denen ich wenig
in der Bibel lese; ich weiß immer nicht recht, was ich davon
halten soll; ich habe nicht das Gefühl einer Verschuldung
dabei und ich weiß auch, daß ich mich nach einiger Zeit
wieder mit Heißhunger darauf stürzen werde. Darf man
das als einen ganz »natürlichen« geistigen Vorgang
nehmen? Ich neige fast dazu.*

Dietrich Bonhoeffer an Eberhard Bethge.
Tegel, 19. März 1944

Gut und Böse

Die Bibel will uns nie Angst machen. Gott will nicht, daß der Mensch sich fürchtet. Auch nicht vor dem letzten Gericht. Sondern er läßt den Menschen das alles wissen, damit er erkenne, was es um das Leben und um seinen Sinn ist. Er läßt es die Menschen heute schon wissen, damit sie heute schon in der Offenheit und im Licht des letzten Gerichtes ihr Leben führen. Er läßt es uns wissen – nur allein darum, damit wir Menschen den Weg finden zu Jesus Christus, damit wir umkehren von unserem bösen Weg und ihm, Jesus Christus, zu begegnen suchen. Gott will den Menschen nicht erschrecken, er schickt uns das Wort vom Gericht nur, damit wir um so leidenschaftlicher, um so gieriger nach der Verheißung der Gnade Gottes greifen, damit wir erkennen, daß wir vor Gott nicht bestehen können aus unserer Kraft, daß wir vor ihm vergehen müßten, aber daß er trotz allem nicht unseren Tod, sondern unser Leben will.

Christus richtet. Das ist wahrhaftig ernst. Aber Christus richtet, d.h. doch auch: der Barmherzige richtet, der unter Zöllnern und Sündern gelebt hat, der versucht ist gleich wie wir, der unsere Leiden, unsere Angst, unsere Wünsche am eigenen Leibe getragen und erlitten hat, der uns kennt und uns bei unserem Namen gerufen hat. Christus richtet, d.h. die Gnade ist Richter und die Vergebung und die Liebe – wer sich an sie klammert, der ist schon freigesprochen. Wer sich freilich auf sein eigenes Werk berufen will, den wird Christus nach diesem Werk richten und verurteilen. Wir aber sollen Freudigkeit haben zu jenem Tag, wir sollen nicht zittern und zagen, sondern uns seiner Hand gern anvertrauen. Vom lieben jüngsten Tag – hat Luther geredet.

Was ist beim letzten Ende das »Gut und Böse« (2. Korinther 5,10), nach dem Christus fragt? Das Gute ist ja nichts anderes, als daß wir nach seiner Gnade fragen und sie ergreifen, das Böse ist nichts als die Angst und das Selbst-vor-Gott-stehen-wollen, Selbst-gerecht-sein-wollen. Buße tun – das heißt ja eben nichts anderes als in dieser Wendung, in dieser Umkehr mitten drin stehen vom eigenen Werk zu Gottes Barmherzigkeit; Umkehr, Umkehr! ruft und jubelt uns die ganze Bibel zu – Umkehr, wohin? Zur ewigen Gnade Gottes, der uns nicht läßt, dem das Herz über uns bricht, weil er uns, seine Geschöpfe über alle Maßen liebt.

Das Wort Gottes
bedarf keinen Schmuck

Wir wollen davon reden, wie unser Gott durch das Lied
und durch die Musik gelobt und gepriesen werden kann.
Der Gott Jesu Christi und seine Anbetung in der Musik
seiner Gemeinde – davon wollen wir sprechen.
Wer sich von uns noch an seinen ersten Kirchgang erinnern kann, der weiß gewiß, daß es mehr als alles andere
der Klang einer brausenden Orgel gewesen ist, der sich
ihm unvergeßlich einprägte. Halb Angst, halb Ehrfurcht,
halb Erschrecken, halb inneres Hingezogensein – so muß
es wohl im Himmel sein, so müssen wohl die Engel und
die Heiligen da oben vor Gottes Thron singen – das mag
so etwa den Aufruhr beschreiben, in dem sich damals
unsere Seele befand, und wer kennt nicht noch heute
Nachklänge dieser ersten Begegnung mit der Musik der
Kirche?
Aber vielleicht ist auch mancher unter uns, der von Kind
auf zu jener reformatorischen Kirche gehörte, die keine
Orgel und kein Musikinstrument im Gotteshaus duldet,
weil sie die Herrlichkeit des verkündigten Wortes Gottes
und der Heiligen Schrift nicht durch menschliche Zutat
erniedrigen und verschleiern will. Und ein solcher mag
dann den Klang der Orgel wie einen unerlaubten menschlichen Versuch, die Herrlichkeit Gottes anders als durch
sein Wort zu verkündigen, empfinden. Er mag ein stilles

Bangen und Grausen vor der Musik in der Kirche empfinden.

Von dem großen italienischen Dichter der Renaissance, Petrarca, wird erzählt, daß er einst von einem der oberitalienischen Berge hinabgeschaut habe ins blühende Land, daß er überwältigt worden sei von dem Gefühl: Gott, wie schön, wie schön ist diese Welt – aber schon im nächsten Augenblick habe er das Kreuz über sich geschlagen und sein Brevierbuch gefaßt, um daraus zu beten. Das ist der Mensch, der vor der Schönheit der Welt erschrickt und der dieser Erde angstvoll entflieht – er will ja nicht diese Welt mit ihrer Herrlichkeit mehr lieben als den, der sie schuf, er will nicht das Geschöpf mehr lieben als den Schöpfer. Wie unerhört gefährlich für jeden, der einmal in der Peterskirche in Rom gestanden hat, die himmlischen Stimmen des sixtinischen Chores zu hören und zu lieben – und die wahrhaftige Stimme Gottes, wie sie in der Schlichtheit der biblischen Sprache ergeht – nicht zu hören und nicht zu lieben. Wie nahe der Gotteslästerung, den Mann im Kleid des Zimmermanns mit dem Wort der schlichten Klarheit, Einfachheit, Sachlichkeit mit einem so reichen, glanzvollen Werk menschlicher Kunst zu feiern, daß die Armut und die Niedrigkeit Jesu Christi darüber vergessen wird.

Daß wir die Kreatur mehr lieben als Gott, das ist die tiefe Gefahr und Versuchung aller derer, die die Musik um Gottes willen lieben wollen. Wir wollen doch ja nicht verächtlich auf jene anderen herabsehen, die solcher Gefahr aus dem Wege gehen und das Wort Gottes allein in

47

der Kirche reden lassen wollen. Es ist ein großer Ernst darin, viel Wissen um die Einzigkeit und die Ausschließlichkeit, die Unersetzlichkeit und Nüchternheit der göttlichen Offenbarung. Das Wort Gottes bedarf keines Schmuckes.

Wir wollen das fest im Sinn behalten: Das Wort Gottes, wie es in der Bibel und in der Verkündigung seines Evangeliums an uns ergeht, bedarf keines Schmuckes, es ist sein eigener Schmuck, seine eigene Herrlichkeit, seine eigene Schönheit – das ist gewiß wahr – aber wie besondere menschliche Schönheit, so kann sich auch das Wort Gottes dem Schmuck derer, die es liebhaben, nicht entziehen – aber wie jeder Schmuck wahrer Schönheit kann auch der Schmuck des Wortes Gottes nur darin bestehen, daß seine ihm eigene Schönheit um so herrlicher strahle – nichts Fremdes, nichts Falsches, nichts Unechtes, nicht glitzernder Tand und nicht Schminke, nichts, was die eigene Schönheit verdeckt, sondern was sie offenbart und sichtbar macht – darf solcher Schmuck sein.

Und es haben sich die, die dieses Wort Gottes, wie es seit 2000 Jahren ergeht, liebten, nicht nehmen lassen, ihr Schönstes zu seinem Schmuck herbeizutragen. Und das Schönste konnte gar nichts anderes sein als etwas Unsichtbares, nämlich ein gehorsames Herz, aber aus diesem gehorsamen Herzen wuchs eben das sichtbare Werk, das hörbare Lied hervor zur Ehre Gottes und Jesu Christi.

Ich lese übrigens die Bibel einfach von vorne durch und komme jetzt zu Hiob, den ich besonders liebe. Den Psalter lese ich wie seit Jahren täglich, es gibt kein Buch, das ich so kenne und liebe wie dieses; die Psalmen 3, 47, 70 u.a. kann ich nicht mehr lesen, ohne sie in der Musik von Heinrich Schütz zu hören, deren Kenntnis zu den größten Bereicherungen meines Lebens gehört.

Dietrich Bonhoeffer an seine Eltern.
Tegel, 15.Mai 1943

Mit den Psalmen beten

Eine besondere Bedeutung ist von alters her in der Kirche dem gemeinsamen *Psalmengebet* beigelegt worden. In vielen Kirchen steht es bis zur Stunde am Anfang jeder gemeinsamen Andacht. Uns ist es weithin verloren gegangen, und wir müssen den Zugang zum Psalmengebet erst wieder zurückgewinnen. Der Psalter nimmt eine einzigartige Stellung im Ganzen der Heiligen Schrift ein. Er ist Gottes Wort, und er ist zugleich, bis auf wenige Ausnahmen, Gebet des Menschen. Wie ist das zu verstehen? Wie kann Gottes Wort zugleich Gebet zu Gott sein?

Zu dieser Frage tritt eine Beobachtung hinzu, die jeder macht, der anfängt die Psalmen zu beten. Er versucht zunächst, sie persönlich als sein eigenes Gebet nachzusprechen. Bald stößt er dabei auf Stellen, die er von sich aus, als sein persönliches Gebet, nicht glaubt beten zu können. Wir denken etwa an die Unschuldspsalmen, an die Rachepsalmen, teilweise auch an die Leidenspsalmen. Dennoch sind diese Gebete Worte der Heiligen Schrift, die er als gläubiger Christ nicht mit billigen Ausreden als überholt, veraltet, als »religiöse Vorstufe« abtun kann. Er will also das Wort der Schrift nicht meistern und erkennt doch, daß er diese Worte nicht beten kann. Er kann sie als Gebet eines andern lesen, hören, sich darüber wundern, Anstoß daran nehmen, aber er kann sie weder selbst beten, noch auch aus der Heiligen Schrift hinaus-

weisen. Zwar wäre hier praktisch jedes Mal zu sagen,
daß in solcher Lage ein jeder sich zunächst an die Psalmen halten soll, die er verstehen und beten kann, und
daß er am Lesen der andern Psalmen lernen soll, Unbe-
greifliches und Schwieriges der Heiligen Schrift ganz
schlicht stehen zu lassen und immer wieder zu dem Ein-
fachen und Begreiflichen zurückzukehren. Sachlich aber
bedeutet die bezeichnete Schwierigkeit allerdings den
Ort, an dem wir den ersten Blick in das Geheimnis des
Psalters tun dürfen. Das Psalmengebet, das uns nicht
über die Lippen will, vor dem wir stocken und uns entset-
zen, läßt es uns ahnen, daß hier ein Anderer der Beter
ist, als wir selbst, daß der, der hier seine Unschuld beteu-
ert, der Gottes Gericht herbeiruft, der in so unendlich
tiefes Leiden gekommen ist, kein anderer ist – als Jesus
Christus selbst. Er ist es, der hier betet und nun etwa
nicht nur hier, sondern im ganzen Psalter. So hat es das
Neue Testament und die Kirche von je her erkannt und
bezeugt. Der *Mensch* Jesus Christus, dem keine Not, keine
Krankheit, kein Leid fremd ist und der doch der ganz
Unschuldige und Gerechte war, betet im Psalter durch den
Mund seiner Gemeinde. Der Psalter ist das Gebetbuch
Jesu Christi im eigentlichsten Sinne. Er hat den Psalter
gebetet, nun ist er Sein Gebet geworden für alle Zeiten.
Wird es jetzt begreiflich, wie der Psalter zugleich Gebet
zu Gott und doch Gottes eigenes Wort sein kann, eben
weil der betende Christus uns hier begegnet? Jesus Christus betet den Psalter in seiner Gemeinde. Seine Gemeinde
betet auch, ja, auch der Einzelne betet, aber er betet eben,

sofern Christus in ihm betet, er betet hier nicht im eigenen Namen, sondern im Namen Jesu Christi. Er betet nicht aus dem natürlichen Verlangen seines eigenen Herzens, sondern er betet aus der angenommenen Menschheit Christi, er betet auf Grund des Gebetes des Menschen Jesus Christus. Damit aber hat sein Gebet allein die Verheißung der Erhörung gefunden. Christus ist ihr Fürbitter geworden.

Der Psalter ist das stellvertretende Gebet Christi für seine Gemeinde. Nun, da Christus beim Vater ist, betet die neue Menschheit Christi, betet der Leib Christi auf Erden sein Gebet weiter bis zum Ende der Zeit. Nicht dem einzelnen Gliede, nein, dem ganzen Leib Christi gehört dieses Gebet zu. Nur in ihm als Ganzem lebt all das, wovon der Psalter sagt, was der Einzelne niemals voll begreifen und sein eigen nennen kann. Darum gehört das Psalmengebet in besonderer Weise in die Gemeinschaft. Ist ein Vers oder ein Psalm nicht mein eigenes Gebet, so ist es doch das Gebet eines der andern aus der Gemeinschaft, so ist es ganz gewiß das Gebet des wahren Menschen Jesus Christus und seines Leibes auf Erden.

Im Psalter lernen wir beten auf Grund des Gebets Christi. Der Psalter ist die große Schule des Betens überhaupt. Wir lernen hier *erstens*, was beten heißt: auf Grund des Wortes Gottes beten, auf Grund von Verheißungen beten. Christliches Gebet steht auf dem festen Grunde des offenbaren Wortes und hat nichts zu tun mit vagen, selbstsüchtigen Wünschen. Auf Grund des Gebetes des wahren Menschen Jesus Christus beten wir. Das meint die Schrift, wenn sie sagt, daß der heilige Geist in uns und für uns betet, daß Christus für uns betet, daß wir nur im Namen Jesu Christi recht zu Gott beten können.

Wir lernen aus dem Psalmengebet *zweitens*, was wir beten sollen. So gewiß der Umfang des Psalmengebets weit über das Maß der Erfahrung des Einzelnen hinausgeht, so betet dieser doch im Glauben das ganze Christusgebet, das Gebet dessen, der wahrer Mensch war und allein das volle Maß der Erfahrungen dieser Gebete hat. Dürfen wir also die Rachepsalmen beten? Wir, insofern wir Sünder sind und mit dem Rachegebet böse Gedanken verbinden, dürfen es nicht, aber wir, sofern Christus in uns ist, der alle Rache Gottes auf sich selbst nimmt, den Gottes Rache traf an unserer Stelle, der so – getroffen von der Rache Gottes – und nicht anders den Feinden vergeben konnte, der selbst die Rache erfuhr, damit seine Feinde frei würden – wir als Glieder dieses Jesus Christus dürfen auch diese Psalmen beten – durch Jesus Christus, aus dem Herzen Jesu Christi. Dürfen wir uns mit dem Psalmenbeter unschuldig, fromm und gerecht nennen? Wir dürfen es nicht als die, die wir von uns aus sind, wir können es nicht als das Gebet unseres verkehrten Herzens, aber wir dürfen und sollen es aus dem Herzen Jesu Christi, das sündlos und rein war und aus der Unschuld Christi, an der er uns teil gegeben hat im Glauben; wir dürfen und sollen die Unschuldspsalmen beten als Christi Gebet für uns und Geschenk an uns. Auch diese Psalmen gehören uns durch ihn. Und wie sollen wir jene Gebete unsagbaren Elends und Leidens beten, die wir kaum angefangen haben, von fern etwas von dem zu ahnen, was hier gemeint ist? Nicht, um uns in etwas hineinzusteigern, was unser Herz aus eigener Erfahrung nicht kennt, nicht, um uns selbst zu beklagen, sondern weil all dies Leiden wahr und wirklich gewesen ist in Jesus Christus, weil der Mensch Jesus Christus Krankheit, Schmerz, Schande und Tod erlitt und weil in seinem Leiden und Sterben alles Fleisch gelitten hat und gestorben ist, darum werden und sollen wir die Leidenspsalmen beten.

Drittens lehrt uns das Psalmengebet als Gemeinschaft zu beten. Der Leib Christi betet, und als Einzelner erkenne ich, wie mein Gebet nur ein kleinster Bruchteil des ganzen Gebetes der Gemeinde ist. Ich lerne das Gebet des Leibes Christi mitbeten. Das hebt mich über meine persönlichen Anliegen hinaus und läßt mich selbstlos beten. Viele Psalmen sind von der alttestamentlichen Gemeinde höchst wahrscheinlich im Wechsel gebetet worden. Der sogenannte parallelismus membrorum, d.h. jene merkwürdige Wiederholung derselben Sache mit anderen Worten in der 2. Zeile des Verses, wird nicht nur eine literarische Form sein, sondern auch kirchlich-theologischen Sinn haben. Es würde sich verlohnen, dieser Frage einmal sehr gründlich nachzugehen. Man lese hierzu als ein besonders deutliches Beispiel einmal den 5. Psalm. Immer sind es zwei Stimmen, die mit andern Worten ein und dasselbe Gebetsanliegen vor Gott bringen. Sollte das nicht ein Hinweis darauf sein, daß der Betende nie allein betet, sondern daß immer ein Zweiter, ein anderer, ein Glied der Gemeinde, des Leibes Christi, ja Jesus Christus selbst mitbeten muß, damit das Gebet des Einzelnen rechtes Gebet sei? Sollte nicht auch in der Wiederholung derselben Sache, die sich schließlich im 119. Psalm ins Nicht-enden-wollende, fast unzugänglich-unauslegbar-Einfache steigert, eben dies angedeutet werden, daß jedes Gebetswort in eine Tiefe des Herzens hineindringen will, die ihm nur in unaufhörlicher Wiederholung – und letztlich auch so nicht! – erreichbar wird; daß es im Gebet nicht um das einmalige, not- oder freudvolle Ausschütten des Menschenherzens geht, sondern um das ununterbrochene, stetige Lernen, sich Aneignen, dem Gedächtnis Einprägen des Willens Gottes in Jesus Christus. Je tiefer wir in die Psalmen wieder hinein wachsen, und je öfter wir sie selber gebetet haben, desto einfacher und reicher wird unser Gebet werden.

Der Glaube hängt nicht an toten Buchstaben, sondern an dem lebendigen Herrn, der über allem Zweifel an der Bibel und ihren Geschichten sich gebietend vor uns stellt.

Katechismusentwurf von
Dietrich Bonhoeffer und
Franz Hildebrandt 1932

Ich will deiner Worte nicht vergessen
Psalm 119

> »Ich suche dich von ganzem Herzen,
> laß mich nicht abirren von deinen Geboten.«
>
> (Vers 10)

Wer Gottes Wort empfangen hat, der muß anfangen Gott zu suchen; er kann nicht anders. Je klarer und tiefer Gottes Wort sich uns zeigt, desto lebendiger wird in uns das Verlangen nach der vollkommenen Klarheit und der unerschöpflichen Tiefe Gottes selbst. Gott treibt uns durch die Gabe seines Wortes dazu, nach immer reicherer Erkenntnis und herrlicherer Gabe zu suchen. Er will keine falsche Genügsamkeit. Je mehr wir empfangen, desto mehr müssen wir ihn suchen, und je mehr wir suchen, desto mehr werden wir von ihm empfangen. »Wer da hat, dem wird gegeben« (Matthäus 13,12). Gott will sich ganz an uns verherrlichen und in seinem ganzen Reichtum offenbar werden. Freilich können wir Gott nirgends anders suchen als in seinem Wort; aber dieses Wort ist lebendig und unerschöpflich; denn Gott selbst lebt darin. Hat uns Gottes Wort getroffen, so dürfen wir es sagen: ich suche dich *von ganzem Herzen*. Denn mit halbem Herzen würden wir einen Götzen, aber niemals Gott selbst suchen. Gott braucht das ganze Herz. Er will nichts (nicht etwas) von uns, sondern er will uns selbst und ganz. Das hat uns sein Wort gesagt. Darum suchen wir ihn mit ganzem Herzen. Nur eine Sorge gibt es noch für uns, daß wir von dem angefangenen Wege, von den vernommenen Geboten, abirren. Abirren sagt der Beter. Er denkt nicht mehr an ein vorsätzliches, mutwilliges Übertreten der erkannten göttlichen Gebote. Aber wie leicht irren wir, wenn das Böse unseren Blick vernebelt, wir geraten auf Abwege und wissen nicht mehr aus und ein und finden nicht mehr zu den Geboten Gottes zurück. Vor der Sünde des Abirrens, vor der unwissentlichen Sünde uns zu bewahren, müssen wir Gott täglich bitten (4. Mose 15,22ff); denn sind wir erst einmal unwissentlich auf böse Wege geraten, dann gewinnen wir oft schnell Gefallen an diesem Weg und aus dem Irrtum wird böser Vorsatz. Wer aber Gott von ganzem Herzen sucht, der wird nicht in die Irre gehen.

> **»Ich berge deinen Spruch in meinem Herzen,**
> **damit ich mich nicht gegen dich verfehle.«**
> **(Vers 11)**

Wenn Gottes Wort zu uns kommt, so will es in fruchtbarem Acker geborgen sein. Es will nicht am Wege liegen bleiben. Es ist ein großes Wunder, daß das ewige Wort des allmächtigen Gottes in mir Wohnung sucht, in mir geborgen sein will, wie das Samenkorn im Acker. Geborgen ist Gottes Spruch nicht in meinem Verstand, sondern in meinem Herzen. Nicht zerdacht sein, sondern im Herzen bewegt werden wie das Wort eines geliebten Menschen in unserem Herzen wohnt, auch wenn wir garnicht bewußt daran denken, das ist das Ziel des Spruches, der aus Gottes Mund kommt. Habe ich Gottes Wort nur in meinem Verstand, dann wird mein Verstand oft mit anderen Dingen beschäftigt sein und ich werde mich gegen Gott verfehlen. Darum ist es niemals damit getan, Gottes Wort gelesen zu haben, es muß tief in uns eingegangen sein, in uns wohnen, wie das Allerheiligste im Heiligtum, damit wir nicht fehlgehen in Gedanken, Worten und Werken. Es ist oft besser, wenig und langsam in der Schrift zu lesen und zu warten bis es in uns eingedrungen ist als von Gottes Wort zwar viel zu wissen, aber es nicht in sich zu »bergen«.

> **»Ich will sinnen über deine Befehle und**
> **schauen auf deine Pfade.«**
> **(Vers 15)**

Es gibt kein Stillstehen. Jede Gabe, jede Erkenntnis, die ich empfange, treibt mich nur tiefer in das Wort Gottes hinein. Für Gottes Wort brauche ich Zeit, um die Befehle Gottes recht zu verstehen, muß ich oft lange über dem Worte nachsinnen. Nichts wäre verkehrter als jene Aktivität oder jene Gefühlsseligkeit, die dem Nachdenken und Nachsinnen den Wert abspricht. Es ist auch nicht nur Sache der hierzu besonders Berufenen, sondern Sache eines jeden, der in Gottes Wegen gehen will. Zwar fordert Gott oft rasche, unverzügliche Tat; aber er fordert auch Stille und Besinnung. So darf und muß ich oft

Stunden und Tage lang über ein und demselben Wort bleiben, bis ich mit der rechten Erkenntnis erleuchtet werde. Keiner ist so weit fortgeschritten, daß er dessen nicht mehr bedürfte. Keiner darf sich wegen zu starker tätiger Beanspruchung davon dispensiert glauben. Gottes Wort beansprucht meine Zeit. Gott selbst ging ein in die Zeit und will nun auch, daß ich ihm meine Zeit gebe. Christsein ist nicht die Sache eines Augenblickes, sondern es will Zeit. Gott gab uns die Schrift, aus der wir seinen Willen erkennen sollen. Die Schrift will gelesen und bedacht sein, täglich neu. Gottes Wort ist nicht eine Summe einiger allgemeiner Sätze, die ich jederzeit gegenwärtig haben könnte, sondern sie ist das täglich neue Wort Gottes an mich in dem unendlichen Reichtum der Auslegung. Meditation, d.h. betende Schriftbetrachtung, und Auslegung sind dem unentbehrlich, der aufrichtig Gottes Befehle und nicht seine eigenen Gedanken sucht. Ein Theologe, der beides nicht übt, verleugnet sein Amt. Es wird aber jedem Christen die Zeit geschenkt werden, die er dazu braucht, wenn er sie wirklich sucht. Meditation heißt Gottes Wort betend für mich zu Herzen nehmen, auslegen heißt Gottes Wort in der Schrift als Gottes Wort erkennen und verstehen. Eins ist nicht ohne das andere. Beides aber ist Besinnung, die täglich geübt sein will.

**»Ich habe meine Lust an deinen Satzungen und
will deiner Worte nicht vergessen.«**

(Vers 16)

Woran liegt es, daß meine Gedanken so schnell von
Gottes Wort abweichen und daß mir zur nötigen Stunde
das nötige Wort oft nicht gegenwärtig ist? Vergesse ich
denn zu essen und zu trinken und zu schlafen? warum
vergesse ich Gottes Wort? Weil ich noch nicht zu sagen
vermag, wie es der Psalm sagt: Ich habe meine Lust an
deinen Satzungen. Woran ich meine Lust habe, das vergesse ich nicht. Vergessen oder nicht, das ist (nicht) Sache
(des Verstandes, sondern) des ganzen Menschen, des
Herzens. Woran Leib und Seele hängt, das kann ich nie
vergessen. Je mehr ich die Ordnungen Gottes in Schöpfung und Wort zu lieben beginne, desto gegenwärtiger
werden sie mir zu jeder Stunde sein. Gegen das Vergessen schützt nur die Liebe.
Weil Gottes Wort in der Geschichte und d.h. in der Vergangenheit zu uns gesprochen hat, darum ist die Erinnerung, die Wiederholung des Gelernten täglich nötige
Übung. Wir müssen jeden Tag aufs neue zurück zu den
Heilstaten Gottes, um vorwärts gehen zu können. Darum
warnt die Schrift immer wieder aufs ernsteste vor dem
Vergessen: »Vergiß nicht, was er dir Gutes getan hat«
(Psalm 103,2). »Hüte dich, daß du nicht des Herrn vergis-
sest, der dich aus Ägyptenland, aus dem Diensthaus,
geführt hat« (5. Mose 6,12 lies das Kapitel!). »Halt im
Gedächtnis Jesum Christum« (2. Timotheus 2,8). Aus der

Erinnerung und Wiederholung lebt Glaube und Gehorsam. Erinnerung wird zur Kraft der Gegenwart, weil es der lebendige Gott ist, der einst für mich gehandelt hat und mich heute dessen vergewissert. Das Vergangene an und für sich ist gleichgültig. Weil aber in der Vergangenheit etwas Entscheidendes »für mich« geschah, darum wird aus Vergangenem Gegenwart für den, der das »für mich« im Glauben ergreift; »denn das Wort: ›für euch‹ fordert eitel gläubige Herzen« (Luther).

Weil mein Heil nicht in mir selbst, sondern außerhalb meiner selbst liegt, weil meine Gerechtigkeit allein die Gerechtigkeit Jesu Christi ist, weil mir das nur im Worte verkündigt werden kann, darum ist Erinnerung und Wiederholung nötig um der Seligkeit willen, darum bedeutet Vergessen soviel wie aus dem Glauben fallen.

In der täglichen Erinnerung an Jesus Christus aber wird mir zugesagt, daß Gott mich von Ewigkeit her geliebt und mich nicht vergessen hat (Jesaja 49,14ff). Weiß ich aber, daß Gott mich nicht vergißt, weil er mich liebt, so freue ich mich und neue Liebe zu Gottes Treue in seinem Wort erfüllt mich und ich lerne zu sagen: ich will deiner Worte nicht vergessen.

**»Tue wohl deinem Knecht, daß ich lebe
und dein Wort halte.«**

(Vers 17)

Ich bitte um Leben, wie der Knecht seinen Herrn. Leben
ist Wohltat Gottes. Leben ist nicht Mittel zum Zweck,
sondern es ist in sich selbst Erfüllung. Gott schuf uns,
damit wir leben, er versöhnte und erlöste uns, damit
wir leben. Er will nicht Ideen triumphieren sehen über
einem Trümmerfeld von Leichnamen. Die Ideen sind um
des Lebens willen da, nicht das Leben um der Ideen
willen. Wo das Leben selbst zur Idee gemacht wird, dort
wird das wirkliche geschaffene und erlöste Leben tiefer
zerstört als durch irgendeine andere Idee. Das Leben ist
Gottes Ziel mit uns. Wird es Mittel zum Zweck, dann tritt
in das Leben ein Widerspruch, der es zur Qual werden
läßt. Dann wird das Ziel, das Gute, jenseits des Lebens
gesucht, das nur mit der Lebensverneinung erkauft werden kann. Das ist der Zustand, in dem wir uns vorfinden,
bevor wir das Leben in Gott empfangen und wir sind
gelehrt worden, diesen Zustand gut zu nennen. Wir
wurden zu Hassern und Verächtern des Lebens und zu
Liebhabern und Anbetern der Ideen.
Ich bitte Gott um die Wohltat des Lebens. Nur das Leben,
das er gibt, ist Wohltat. Alles andere Leben ist Qual. Nur
das Leben aus Gott ist Ziel und Erfüllung, ist Überwindung des Widerspruchs zwischen Sein und Sollen.
Leben ist Zeit der Gnade, Tod ist Gericht. Darum ist Leben
göttliche Wohltat, weil mir Zeit gegeben ist für die Gnade

Gottes. Solche Zeit ist solange vorhanden als das Wort Gottes bei mir ist. Dieses Wort festzuhalten ist bejahtes Leben aus Gott. Gottes Wort ist nicht jenseits des Lebens, es erniedrigt das Leben nicht zum Mittel zum Zweck, sondern es schützt das Leben vor dem Verfall an den Widerspruch, an die Herrschaft der Ideen, Gottes Wort ist Erfüllung des Lebens, über die hinaus es kein Ziel gibt. Darum bitte ich Gott um die Wohltat des Lebens, das ihm verfallen ist, wie das Leben des Knechtes dem Herrn, und das erfüllt wird durch das Halten des Wortes Gottes.

> **»Öffne mir die Augen, daß ich sehe die Wunder in deinem Gesetz.«**
> **(Vers 18)**

Wem Gott die Augen für sein Wort geöffnet hat, der sieht in eine Wunderwelt hinein. Was mir bisher tot erschien, ist voller Leben, das Widerspruchsvolle löst sich in höherer Einheit auf, die harte Forderung wird zum gnädigen Gebot. Mitten im Menschenwort höre ich Gottes ewiges Wort, in vergangener Geschichte erkenne ich den gegenwärtigen Gott und sein Wirken mir zum Heil. Der barmherzige Zuspruch wird mir zum neuen Anspruch Gottes, die unerträgliche Last zum sanften Joch (Matthäus 11,30). Das große Wunder im Gesetz Gottes ist die Offenbarung des Herrn Jesus Christus. Durch ihn empfängt das Wort Leben, das Widerspruchsvolle Einheit, das Offenbare unergründliche Tiefe. Herr, öffne mir die Augen.

**»Ich bin ein Gast auf Erden,
verbirg deine Gebote nicht vor mir.«**

(Vers 19)

Es gibt für den, der nach Gottes Willen und Ruf ein Fremdling auf Erden geworden ist, in Wahrheit nur *einen* Gedanken, der ihn mit tiefer Angst erfüllen kann, nämlich einmal Gottes Willen nicht mehr zu erkennen, nicht mehr zu wissen, was Gott von ihm fordert. Zwar ist Gott uns in unserer persönlichen Lebensführung oder in seinem geschichtlichen Handeln oft verborgen; nicht das ist beängstigend. Aber daß sich uns das offenbare Gebot Gottes verdunkelt, sodaß wir aus dem Wort Gottes nicht mehr erkennen, was wir tun sollen, das ist eine schwere Anfechtung. Mitten in der frohen Gewißheit der Gebote Gottes überfällt uns diese Furcht: wie wenn Gott mir seine Gebote eines Tages verbergen wollte? Ich müßte in das Nichts stürzen, ich müßte mit dem ersten Schritt zu Falle kommen, ich müßte in der Fremde zugrundegehen. Oder, – so muß ich mich nun wohl auch fragen – lebe ich etwa schon so sehr von dem Gerippe meiner eigenen Grundsätze, daß ich es vielleicht garnicht mehr spüren würde, wenn Gott mir eines Tages sein lebendiges Gebot entzöge? Vielleicht würde ich dann wie bisher meinen Prinzipien getreu handeln, aber Gottes Gebot wäre nicht mehr bei mir. Gottes Gebot ist Gottes persönliches Wort an mich für den heutigen Tag für mein heutiges Leben; es ist zwar nicht heute dies und morgen jenes, was Gott von mir will. Gottes Gebot ist mit sich selbst eins. Aber es ist der entscheidende Unterschied, ob ich Gott oder ob ich meinen Prinzipien gehorche. Habe ich genug an meinen Prinzipien, dann kann ich das Gebet des Psalmisten nicht verstehen. Lasse ich mir aber von Gott selbst den Weg weisen, dann hänge ich ganz an der Gnade, die sich mir offenbart oder versagt, dann zittere ich bei jedem Wort, das ich aus Gottes Mund empfange, schon um das nächste Wort und um die Bewahrung in der Gnade. So bleibe ich auf allen meinen Wegen und Entscheidungen ganz gebunden an die Gnade und keine falsche Sicherheit kann mich um die lebendige Gemeinschaft mit Gott betrügen.

Der Schrei, Gott möge mir sein Gebot nicht verbergen, kommt nur aus dem Herzen dessen, der Gottes Gebote kennt. Es ist kein Zweifel: Gott *hat* uns seine Gebote zu wissen gegeben und wir haben keine Ausflucht, als wüßten wir Gottes Willen nicht. Gott läßt uns nicht in unlösbaren Konflikten leben, er macht unser Leben nicht zu ethischen Tragödien, sondern er gibt uns seinen Willen zu wissen, er fordert seine Erfüllung und straft den Ungehorsam. Die Dinge sind hier viel einfacher als uns lieb ist. Nicht daß wir Gottes Gebote nicht wissen, sondern daß wir sie nicht tun, – und dann freilich als Folge solchen Ungehorsams allmählich auch nicht mehr recht erkennen – das ist unsre Not. Nicht *daß* Gott uns seine Gebote verbirgt, ist hier gesagt, sondern: Gott wird um die Gnade angerufen, seine Gebote nicht zu verbergen. Es steht in Gottes Freiheit und Weisheit, uns die Gnade seines Gebotes zu entziehen, dann aber gibt es für uns nicht die Resignation, sondern vielmehr das dringende und anhaltende Gebet: Verbirg deine Gebote nicht vor mir.

Die Sprache

... Die Sprache ist in der evangelischen Kirche, die die
Kirche der Predigt des Wortes Gottes ist, keine Äußer-
lichkeit. Ich verstehe es so gut, daß Sie sich immer
wieder daran ärgern, daß wir so große und letzte
Dinge, die sonst ein Mensch kaum einmal über seine
Lippen bringt, so selbstverständlich und alltäglich
aussprechen. Sie haben auch ganz recht, wenn Sie
sagen, daß ein Wort wie Sünde, Gnade, Vergebung
oder was es sonst sei einen ganz anderen Klang, ein
ganz anderes Gewicht bekommt, wenn es einmal von
einem Menschen ausgesprochen wird, der sonst diese
Worte nie ausspricht. Das Wort, das aus einem langen
Schweigen heraus ans Licht tritt, wiegt schwerer als
dasselbe Wort im Munde des Geschwätzigen. Ich gebe
Ihnen auch weiterhin zu, daß wir gewisse Worte
überhaupt nicht gebrauchen sollten, weil sie abgegriffen
sind. Man hat ja übrigens immer wieder gesagt, es
sollte viel weniger gepredigt werden, um dem Wort
stärkeren Nachdruck zu geben.
Aber das ist doch wohl sicher auch »tendenziös«, ge-
wollt und unecht! Wir Pastoren erfahren es ungezählte
Male in der Seelsorge, daß ein Bibelwort aus dem
Munde eines Kranken und Armen oder Einsamen
etwas ganz anderes ist als wenn wir es selbst sagten.
Wir schweigen darum auch oft genug, nur um nicht als

geistliche Routiniers in unserem Amt dazustehen. Aber
wir wissen doch, daß wir reden müssen und oftmals
nicht schweigen dürfen, wo wir es gern täten. Und nun
versetzen Sie sich einmal in unsere Lage, von morgens
bis abends mit den größten Worten der Welt umgehen
müssen »von Berufs wegen«, lesend, studierend,
betend, unterrichtend, taufend, trauend, beerdigend,
predigend. Wir können ja nicht dankbar genug sein,
wenn man uns dann sagt, wo wir es verkehrt machen,
wo wir einfach, vielleicht bei aller subjektiven Beteili-
gung, in das leere Wortemachen verfallen. Aber vor
allem möchten wir wissen, wie wir es besser machen
sollen. Mit einer Radikalkur etwa der Streichung der
Worte Kreuz, Sünde, Gnade usw. aus unserem Vokabu-
lar ist ja nichts geholfen. Erstens läßt sich Kreuz nicht
durch Guillotine ersetzen, weil Jesus eben am Kreuz
starb. Zweitens würde etwa das Wort »Futtertrog« statt
»Krippe« zwar für den Augenblick vielleicht gut sein,
aber nach dem dritten und vierten Mal ebenso abgegriffen sein. Natürlich gibt es Worte, besonders selbstge-
suchte und -geprägte Lieblingsworte, die man gänzlich
streichen kann und soll, aber in Worten müssen wir ja
eben sprechen. Ob die »Alltagssprache des Durch-
schnittsgebildeten« das Richtige ist, weiß ich nicht.
Luthers Sprache war dies jedenfalls gewiß nicht. Ich
glaube, man soll überhaupt nicht irgendeinen Sprech-
stil suchen. Dabei gerät man allzuleicht in Selbstgefäl-
ligkeit. Es hilft nun einmal nichts, daß das Christentum 2000 Jahre alt ist und eine eigene Sprache hat.

Diese schlichte Schrift der Bibel soll, meine ich, ruhig stehen bleiben (übrigens gerade weil man für den täglichen Gebrauch »Wasser und nicht Saft« haben will, um an Ihr Wort anzuknüpfen). Aber es kommt eben darauf an, aus welcher Tiefe sie kommen und in welcher Umgebung sie stehen ...

Ich muß Dir persönlich übrigens noch folgendes sagen: die schweren Luftangriffe, besonders der letzte, bei dem ich, als durch die Luftmine im Revier die Fenster herausstürzten und Flaschen und Medikamente aus Schränken und Regalen fielen, völlig im Dunkeln auf dem Fußboden lag und nicht viel Hoffnung auf einen guten Ausgang hatte, führen mich ganz elementar zum Gebet und zur Bibel zurück.

Dietrich Bonhoeffer an Eberhard Bethge.
Tegel, 26. November 1943

Das Wort und die Tat

Was soll in einer Welt, in der die Taten ihre eigene Sprache so überwältigend reden, noch das Wort der Kirche? Ist es nicht überflüssig geworden? Sollten nicht auch wir uns einfach in diese Taten einordnen und statt aller Worte nur noch mitarbeiten? Glaubwürdig ist die Tat. Sollen wir uns darüber beschweren, wie die Taten in der Welt zustande kommen? Daß die Taten Selbsthilfe sind? Daß hier der Satz einfach gilt: Hilf dir selbst, so hilft dir Gott? Mitten in den Taten drinstehend fragen wir nach dem *Wort*, anders können wir es nicht mehr.

Die Taten haben ihr eigenes Schwergewicht. Sie gehen wortlos über alles hinweg, was schwächer ist als sie. Sie lassen es liegen und zertreten es. Kleinliche Kritik und Herabsetzungen werden durch die Gewalt der Taten selbst zermalmt. Das ist das immanente Gesetz der Tat. Nur eins ist größer als die Tat: Der, der sie gibt. Jede Tat weiß das selbst, sie ist zugelassen und geschenkt. Sie soll den preisen, der sie gab. Ob sie das tut oder nicht, entscheidet sich an der Stellung zum *Worte Gottes*. Das Wort Gottes ist da und ist das einzige, über das die Tat keine Macht hat. Was an menschlichen Kräften um das Wort Gottes steht, mag gering und schwach sein, so daß es mit zerbrochen und vernichtet wird. Das Wort allein besteht. Es fordert jede Tat heraus und fürchtet sich nicht; denn es ist ewig, unverwundbar und allmächtig. Seine Vertreter mögen seiner nicht würdig sein; dann müssen sie hinweg. Das Wort aber erzwingt sich seinen Weg, wo es ihm gefällt, und wählt sich Zuhörer, wie es ihm gefällt, denn es ist Gottes eigenes Wort. Die Armut des Wortes. Derselbe Gott, der große Taten zuläßt und schenkt, der sichtbar und doch unbegreiflich gibt und nimmt, will die Menschen retten zur Ewigkeit, zum ewigen Heil. In den Taten bleibt er stumm, er offenbart sich aber denen, die er retten will, die ihn finden sollen. Diese Offenbarung geschieht in der Armut des Wortes; denn Gott will *geglaubt* sein. Nicht durch Wunder will er sich Anerkennung erzwingen, sondern durch das Wort will er das Herz treffen und zu freiem Glauben führen.

*Wenn wir uns in unruhigen Zeiten einmal fragen, was
eigentlich von all der Aufregung, von all dem Hin und Her
der Gedanken und Überlegungen, von all den Sorgen und
Befürchtungen, von allen Wünschen und Hoffnungen, die
wir uns machen, wirklich zuletzt übrig bleibt – und wenn
wir uns dann die Antwort der Bibel geben lassen wollen,
so wird uns gesagt: Es bleibt von all dem zuletzt nur eines,
nämlich die Liebe, die wir in unseren Gedanken, Sorgen,
Wünschen und Hoffnungen gehabt haben. Alles andere hört
auf, vergeht, alles, was wir nicht aus Liebe gedacht und ersehnt
haben, alle Gedanken, alle Erkenntnis, alles Reden ohne
Liebe hört auf – nur die Liebe höret nimmer auf.*

Dietrich Bonhoeffer in einer Predigt
über 1. Korinther 13,8-12
am 28. Oktober 1934

Wort Gottes und Bekenntnis

Gemeinde ist um Wort und Sakrament versammelt. Gemeinschaft des Glaubens, des Gottesdienstes, des Lebens. Sie erbaut sich allein auf dem Wort Gottes.

Theologie ist die Beugung unter die zusammenhängende und geordnete Erkenntnis des Wortes Gottes in seinem Zusammenhang und in seiner einzelnen Gestalt unter Anleitung der Bekenntnisse der Kirche. Sie dient der lauteren Verkündigung des Wortes in der Gemeinde und dem Aufbau der Gemeinde gemäß dem Worte Gottes.

Das Wesen der Gemeinde ist nicht, Theologie zu treiben, sondern dem Worte Gottes zu *glauben* und zu *gehorchen*. Weil es aber Gott gefallen hat, sich im *gesprochenen Menschenwort* zu offenbaren und weil dieses Wort der Verfälschung und der Verunreinigung durch Menschengedanken und -meinungen ausgesetzt ist, darum bedarf die Gemeinde der Klarheit über wahre und falsche Verkündigung, sie braucht ein Hilfsmittel, ein Kampfmittel, nicht Selbstzweck. In Zeiten der Anfechtung ist die Gemeinde zu solcher Mündigkeit in besonderer Weise aufgerufen. Das *Wort Gottes* ist die einzige Norm und Regel aller rechten christlichen Erkenntnis. Das *Bekenntnis* ist Auslegung und Bezeugung des Wortes Gottes für eine bestimmte Zeit und Gefahr, es ist dem Wort Gottes unterworfen. Die *Theologie* ist Auslegung des Bekenntnisses unter bestimmten Gesichtspunkten und dauernder Prüfung des Bekenntnisses an der Schrift. Der *Glaube* entsteht allein aus der Predigt des Wortes Gottes (Römer 10,17), er bedarf nicht der Theologie, aber die rechte Predigt bedarf des Bekenntnisses und der Theologie. Der Glaube, der durch die Predigt entsteht, sucht seine Bestätigung wiederum an der Schrift und den Bekenntnissen und treibt so selbst Theologie.

Welche Bedeutung haben die *theologischen Disziplinen* für die Gemeinde? Genügt nicht Bibelkenntnis? Wozu Dogmatik? Kirchengeschichte, praktische Theologie? Welches ist der Zusammenhang? Man kann die Bibel nicht verstehen ohne Kenntnis der Grundlehren der Kirche, d.h. der Dogmatik. Man kann Dogmatik nicht treiben ohne Bibelstudium. Man kann nicht übersehen, daß zwischen uns und der Bibel eine *Kirche* steht, die eine Geschichte hat. Praktische Theologie: unter dem Wort der Schrift, der Bekenntnisse, der Geschichte, der Theologie *heute* handeln.

Meine in der letzten Zeit doch stark auf dem weltlichen Sektor liegende Tätigkeit gibt immer wieder zu denken. Ich wundere mich, daß ich tagelang ohne die Bibel lebe und leben kann – ich würde es dann nicht als Gehorsam, sondern als Autosuggestion empfinden, wenn ich mich dazu zwingen würde. Ich verstehe, daß solche Autosuggestion eine große Hilfe sein könnte und ist, aber ich fürchte auf diese Weise eine echte Erfahrung zu verfälschen und letzten Endes doch nicht die echte Hilfe zu erfahren. Wenn ich dann wieder die Bibel aufschlage, ist sie mir neu und beglückend wie nie, und ich möchte nur einmal predigen. Ich weiß, daß ich nur meine eigenen Bücher aufzuschlagen brauche, um zu hören, was sich gegen dies alles sagen läßt. Ich will mich auch nicht rechtfertigen, sondern ich erkenne, daß ich »geistlich« viel reichere Zeiten gehabt habe. Aber ich spüre, wie in mir der Widerstand gegen alles »Religiöse« wächst. Oft bis zu einem instinktiven Abscheu – was sicher auch nicht gut ist. Ich bin keine religiöse Natur. Aber an Gott, an Christus muß ich immerfort denken, an Echtheit, an Leben, an Freiheit und Barmherzigkeit liegt mir sehr viel. Nur sind mir die religiösen Einkleidungen so unbehaglich. Verstehst Du? Das sind alles gar keine neuen Gedanken und Einsichten, aber da ich glaube, daß mir hier jetzt ein Knoten platzen soll, lasse ich den Dingen ihren Lauf und setze mich nicht zur Wehr. In diesem Sinne verstehe ich eben auch meine jetzige Tätigkeit auf dem weltlichen Sektor.

Dietrich Bonhoeffer an Eberhard Bethge in der Zeit der
Konspiration. Im Zug nach München 25. Juni 1942

Altes Testament und Neues Testament

Ich spüre übrigens immer mehr, wie alttestamentlich ich denke und empfinde; so habe ich in den vergangenen Monaten auch viel mehr Altes Testament als Neues Testament gelesen. Nur wenn man die Unaussprechlichkeit des Namens Gottes kennt, darf man auch einmal den Namen Jesus Christus aussprechen; nur wenn man das Leben und die Erde so liebt, daß mit ihr alles verloren und zu Ende zu sein scheint, darf man an die Auferstehung der Toten und eine neue Welt glauben; nur wenn man das Gesetz Gottes über sich gelten läßt, darf man wohl auch einmal von Gnade sprechen, und nur wenn der Zorn und die Rache Gottes über seine Feinde als gültige Wirklichkeiten stehen bleiben, kann von Vergebung und von Feindesliebe etwas unser Herz berühren. Wer zu schnell und zu direkt neutestamentlich sein und empfinden will, ist m.E. kein Christ. Man kann und darf das letzte Wort nicht vor dem vorletzten sprechen. Wir leben im Vorletzten und glauben das Letzte. Lutheraner (sogenannte!) und Pietisten würden eine Gänsehaut bei diesen Gedanken kriegen, aber richtig ist es darum doch. In der »Nachfolge« habe ich diese Gedanken nur angedeutet (im ersten Kapitel) und nachher nicht richtig durchgeführt (Dietrich Bonhoeffer Werke 4). Die Konsequenzen sind sehr weitreichend, u.a. für das katholische Problem, für den Amtsbegriff, für den Gebrauch der

Bibel etc., aber vor allem eben für die Ethik. Warum wird im Alten Testament kräftig und oft zur Ehre Gottes gelogen (ich habe die Stellen jetzt zusammengestellt), totgeschlagen, betrogen, geraubt, die Ehe geschieden, sogar gehurt, gezweifelt und gelästert und geflucht, während es im Neuen Testament dies alles nicht gibt? Religiöse »Vorstufe«? Das ist eine sehr naive Auskunft; es ist ja ein und derselbe Gott.

Im Unterschied zu den anderen orientalischen Religionen ist der Glaube des Alten Testaments keine Erlösungsreligion. Nun wird doch aber das Christentum immer als Erlösungsreligion bezeichnet. Liegt darin nicht ein kardinaler Fehler, durch den Christus vom Alten Testament getrennt und von den Erlösungsmythen her interpretiert wird? Auf den Einwand, daß auch im Alten Testament die Erlösung (aus Ägypten und später aus Babylon, vgl. Deuterojesaja) eine entscheidende Bedeutung habe, ist zu erwidern, daß es sich hier um *geschichtliche* Erlösungen handelt, d.h. *diesseits* der Todesgrenze, während überall sonst die Erlösungsmythen gerade die Überwindung der Todesgrenze zum Ziel haben. Israel wird aus Ägypten erlöst, damit es als Volk Gottes auf Erden vor Gott leben kann. Die Erlösungsmythen suchen ungeschichtlich eine Ewigkeit nach dem Tod. Die Scheol (Unterwelt) der Hades, sind keine Gebilde einer Metaphysik, sondern die Bilder, unter denen das irdisch »Gewesene« als zwar existent, aber doch nur schattenhaft in die Gegenwart hineinreichend, vorgestellt wird. Nun sagt man, das Entscheidende sei, daß im Christentum die Auferstehungshoffnung verkündigt würde, und daß also damit eine echte Erlösungsreligion entstanden sei. Das Schwergewicht fällt nun auf das Jenseits der Todesgrenze. Und eben hierin sehe ich den Fehler und die Gefahr. Erlösung heißt nun Erlösung aus Sorgen, Nöten, Ängsten und Sehnsüchten, aus Sünde und Tod in einem besseren Jenseits. Sollte dies aber wirklich das Wesentliche der Christusverkündigung der Evangelien und des Paulus sein? Ich bestreite das. Die christliche Auferstehungshoffnung unterscheidet sich von den mythologischen darin, daß sie den Menschen in ganz neuer und gegenüber dem Alten Testament noch verschärfter Weise an sein Leben auf der Erde verweist. Der Christ hat nicht wie die Gläubigen der Erlösungsmythen aus den irdischen Aufgaben und Schwierigkeiten immer noch eine letzte Ausflucht ins Ewige, sondern er muß das irdische Leben wie Christus (»mein Gott, warum hast Du mich verlassen?« Markus 15,34) ganz auskosten und nur indem er das tut, ist der Gekreuzigte und Auferstandene bei ihm und ist er mit Christus gekreuzigt und auferstanden. Das Diesseits darf nicht vorzeitig aufgehoben werden. Darin bleiben Neues Testament und Altes Testament verbunden. Erlösungsmythen entstehen aus den menschlichen Grenzerfahrungen. Christus aber faßt den Menschen in der Mitte seines Lebens.

Der Gott, der mit uns ist, ist der Gott, der uns verläßt (Markus 15,34)! Der Gott, der uns in der Welt leben läßt ohne die Arbeitshypothese Gott, ist der Gott, vor dem wir dauernd stehen. Vor und mit Gott leben wir ohne Gott. Gott läßt sich aus der Welt herausdrängen ans Kreuz, Gott ist ohnmächtig und schwach in der Welt und gerade und nur so ist er bei uns und hilft uns. Es ist Matthäus 8,17 ganz deutlich, daß Christus nicht hilft kraft seiner Allmacht, sondern kraft seiner Schwachheit, seines Leidens! Hier liegt der entscheidende Unterschied zu allen Religionen. Die Religiosität des Menschen weist ihn in seiner Not an die Macht Gottes in der Welt, Gott ist der deus ex machina (Gott aus der Maschine). Die Bibel weist den Menschen an die Ohnmacht und das Leiden Gottes; nur der leidende Gott kann helfen.

»Könnt ihr nicht eine Stunde mit mir wachen?« (Matthäus 26,40) fragt Jesus in Gethsemane. Das ist die Umkehrung von allem, was der religiöse Mensch von Gott erwartet. Der Mensch wird aufgerufen, das Leiden Gottes an der gottlosen Welt mitzuleiden. Er muß also wirklich in der gottlosen Welt leben und darf nicht den Versuch machen, ihre Gottlosigkeit irgendwie religiös zu verdecken, zu verklären; er muß »weltlich« leben und nimmt eben darin an den Leiden Gottes teil; er *darf* »weltlich« leben, d.h. er ist befreit von den falschen religiösen Bindungen und Hemmungen. Christsein heißt nicht in einer bestimmten Weise religiös sein, auf Grund irgendeiner Methodik etwas aus sich machen (einen Sünder, Büßer oder einen Heiligen), sondern es heißt Menschsein, nicht einen Menschentypus,

sondern den Menschen schafft Christus in uns. Nicht der religiöse Akt macht den Christen, sondern das Teilnehmen am Leiden Gottes im weltlichen Leben.
Du meinst, in der Bibel sei von Gesundheit, Glück, Kraft etc., nicht viel die Rede. Ich habe mir das nochmal sehr überlegt. Für das Alte Testament trifft es doch jedenfalls nicht zu. Der theologische Zwischenbegriff im Alten Testament zwischen Gott und dem Glück etc. des Menschen ist, soweit ich sehe, der des Segens. Gewiß geht es im Alten Testament, also z.B. bei den Erzvätern, nicht um das Glück, aber es geht um den Segen Gottes, der alle irdischen Güter in sich schließt. Dieser Segen ist die Inanspruchnahme des irdischen Lebens für Gott, und er enthält alle Verheißungen. Es würde wieder der üblichen vergeistigten Auffassung des Neuen Testaments entsprechen, den alttestamentlichen Segen als vom Neuen Testament überholt zu betrachten.
Soll man nun den alttestamentlichen Segen gegen das Kreuz setzen? Damit wird aus dem Kreuz ein Prinzip gemacht, bzw. aus dem Leiden.
Übrigens muß ja auch im Alten Testament der Gesegnete viel leiden (Abraham, Isaak, Jacob, Joseph), aber nirgends führt dies (ebensowenig wie im Neuen Testament) dazu, Glück und Leiden, bzw. Segen und Kreuz in einen ausschließlichem Gegensatz zueinander zu bringen. Der Unterschied zwischen Altem Testament und Neuem Testament liegt wohl in dieser Hinsicht nur darin, daß im Alten Testament der Segen auch das

81

Kreuz, im Neuen Testament das Kreuz auch den Segen in sich schließt.

Das Neue Testament ist das *Zeugnis* von der in Christus erfüllten Verheißung des Alten Testaments. Es ist nicht ein Buch, das ewige Wahrheiten, Lehren, Normen oder Mythen enthält, sondern es ist ein einziges *Zeugnis* von dem Gottmenschen Jesus Christus. Es ist als ganzes und in allen seinen Teilen nichts als dieses Zeugnis von Christus, seinem Leben, seinem Tod und seiner Auferstehung. Dieser Christus wird bezeugt nicht als das Ewige in Zeitlichem, als der Sinn im Zufälligen, als das Wesen im Unwesentlichen! sondern als der schlechthin Einmalige Menschgewordene, Gestorbene, Auferstandene und *diese* Einmaligkeit Christi in der Geschichte erfüllt das ganze Neue Testament. Es besteht hierin kein Unterschied zwischen *Lehrtexten* (in den Episteln oder in den Reden Jesu) und den *geschichtlichen* Texten. Beide sind in gleicher Weise *Zeugnis von dem einmaligen Christus*, also nicht so verhält es sich, daß ein Lehrtext etwa eine allgemeine Wahrheit über Christus ausspricht, während zum Beispiel eine Wundergeschichte ein Zufällig-Einmaliges berichtet – sondern beide legen in gleicher Weise Zeugnis ab von der Einmaligkeit und völligen Geschichtlichkeit Jesu Christi. In der Wundergeschichte ist ebenso wie im Gleichnis oder wie im Gebot der Bergpredigt *Christus selbst* der Verkündigte, nicht diese oder jene Wahrheit oder Lehre über ihn und Tat von ihm, sondern Er selbst, und Er allein und Er *»ganz«*!

Daß Christus es ist, der das Wunder tut, das Gleichnis spricht, das Gebot gibt, und daß er durch Wunder, Gleichnis, Gebot oder Lehre immer das Eine und selbe will, *nämlich den Menschen an sich* als den schlechthin Einmaligen, Geschichtlichen *zu binden, das ist der gemeinsame Zeugnischarakter des Neuen Testaments.* Ebenso aber ist ein paulinischer Lehrtext nicht wesentlich ein dogmatischer Satz – obwohl er das auch ist – sondern er ist einmaliges Zeugnis von dem einmaligen Christus. Man mag sagen, daß in den Evangelien das Wunder seiner Inkarnation, der Menschwerdung und daß in den Episteln das Wunder seines Kreuzes und seiner Auferstehung vernehmlicher werde, aber doch nie anders als daß auch in den Evangelien der ganze gekreuzigte und auferstandene Christus und in den Episteln der ganze Menschgewordene Christus in seiner Einmaligkeit bezeugt wird.

Es könnte scheinen, als ließen sich Lehrtexte leichter vergegenwärtigen als geschichtliche Texte. Hier versteckt sich aber wieder nur die falsche Unterscheidung als gebe es in der Bibel so etwas wie eine ein für allemal geltende Lehre, während die geschichtlichen Ereignisse nur zeitbedingt seien. Das Neue Testament ist in Lehre *und* Geschichte *Zeugnis*, es ist nicht *selbst* etwas, sondern es zeugt von etwas anderem, es hat keinen Wert in sich selbst, sondern nur als Zeugnis von Christus; es ruht nicht in sich selbst, sondern es weist über sich hinaus, seine Sätze und Worte sind nicht an sich wahr und ewig und gültig, sondern nur sofern sie Zeugnis von Christus sind – das heißt Christus selbst allein wahr sein lassen wollen. Das ganze Neue Testament in allen seinen Teilen will als Zeugnis ausgelegt sein – nicht als Weisheitsbuch, als Lehrbuch, als Buch ewiger Wahrheit, sondern als Buch eines einmaligen Zeugnisses einer einmaligen Tatsache. Es ist das »fröhliche Geschrei« (Luther) - : *Dieser Jesus ist Christus!* »Auf diesen Menschen sollst du zeigen und sprechen: das ist Gott«. (Luther!)

Die Situation als solche, d.h. der einzelne Augenblick ist ja vielfach garnicht so anders als anderswo, ich lese, denke nach, arbeite, schreibe, gehe auf und ab, – und auch das wirklich ohne mich wie der Eisbär an den Wänden wund zu reiben, – und es kommt nur darauf an, sich an das zu halten, was man noch hat und kann – und das ist immer noch sehr viel – und das Aufsteigen der Gedanken an das, was man nicht kann, und d.h. den Groll über die ganze Lage und die Unruhe in sich niederzuhalten. Allerdings ist mir nie so deutlich geworden wie hier, was die Bibel und Luther unter »Anfechtung« verstehen. Ganz ohne jeden erkennbaren physischen und psychischen Grund rüttelt es plötzlich an dem Frieden und der Gelassenheit, die einen trug, und das Herz wird, wie es bei Jeremia sehr bezeichnend heißt, das trotzige und verzagte Ding, das man nicht ergründen kann (Jeremia 17,9); man empfindet das wirklich als einen Einbruch von außen, als böse Mächte, die einem das Entscheidende rauben wollen. Aber auch diese Erfahrungen sind wohl gut und nötig, man lernt das menschliche Leben besser verstehen.

Dietrich Bonhoeffer an seine Eltern.
Tegel, 15. Mai 1943

Die Verheißung

Alles, was wir mit Recht von Gott erwarten, erbitten dürfen, ist in Jesus Christus zu finden. Was ein Gott, so wie wir ihn uns denken, alles tun müßte und könnte, damit hat der Gott Jesu Christi nichts zu tun. Wir müssen uns immer wieder sehr lange und sehr ruhig in das Leben, Sprechen, Handeln, Leiden und Sterben Jesu versenken, um zu erkennen, was Gott verheißt und was er erfüllt. Gewiß ist, daß wir immer in der Nähe und unter der Gegenwart Gottes leben dürfen und daß dieses Leben für uns ein ganz neues Leben ist; daß es für uns nichts Unmögliches mehr gibt, weil es für Gott nichts Unmögliches gibt; daß keine irdische Macht uns anrühren kann ohne Gottes Willen, und daß Gefahr und Not uns nur näher zu Gott treibt; gewiß ist, daß wir nichts zu beanspruchen haben und doch alles erbitten dürfen; gewiß ist, daß im Leiden unsre Freude, im Sterben unser Leben verborgen ist; gewiß ist, daß wir in dem allen in einer Gemeinschaft stehen, die uns trägt. Zu all dem hat Gott in Jesus Ja und Amen gesagt. Dieses Ja und Amen ist der feste Boden, auf dem wir stehen. Immer wieder in dieser turbulenten Zeit verlieren wir aus dem Auge, warum es sich eigentlich zu leben lohnt. Wir meinen, weil dieser oder jener Mensch lebe, habe es auch für uns Sinn zu leben. In Wahrheit aber ist es doch so: Wenn die Erde gewürdigt wurde, den Menschen Jesus Christus zu tragen, wenn ein

Mensch wie Jesus gelebt hat, dann und nur dann hat es für uns Menschen einen Sinn zu leben. Hätte Jesus nicht gelebt, dann wäre unser Leben trotz aller anderen Menschen, die wir kennen, verehren und lieben, sinnlos. Der unbiblische Begriff des »Sinnes« ist ja nur eine Übersetzung dessen, was die Bibel »Verheißung« nennt.

Es fällt mir schwer, Dir jetzt in garnichts helfen zu können –
als darin, daß ich wirklich jeden Morgen und Abend und
beim Lesen der Bibel und auch sonst noch oft am Tage an
Dich denke.

Dietrich Bonhoeffer an Eberhard Bethge.
Tegel, 30. April 1944

Die Antwort

...Es ist ganz gut, wenn man immer wieder daran erinnert
wird, daß der Pfarrer es dem rechten »Laien« niemals
recht machen kann. Predige ich den Glauben und die
Gnade allein, so fragst Du: wo bleibt das christliche Leben? Rede ich von der Bergpredigt (Vorlesung über »Nachfolge«), so fragst Du: wo bleibt das *wirkliche* Leben? Lege
ich ein sehr wirkliches und sündiges Leben eines Mannes
der Bibel aus (König David), so fragst Du: wo bleiben die
ewigen Wahrheiten? Und aus alledem soll ja wohl nur das
eine Anliegen hörbar werden: wie lebe ich in dieser wirklichen Welt ein christliches Leben, und wo sind die letzten
Autoritäten eines solchen Lebens, das sich allein lohnt zu
leben?

Ich will da zunächst ganz einfach bekennen: ich glaube,
daß die Bibel allein die Antwort auf alle unsere Fragen ist,
und daß wir nur anhaltend und etwas demütig zu fragen
brauchen, um die Antwort von ihr zu bekommen. Die
Bibel kann man nicht einfach *lesen* wie andere Bücher.
Man muß bereit sein, sie wirklich zu fragen. Nur so
erschließt sie sich. Nur wenn wir letzte Antwort von ihr
erwarten, gibt sie sie uns. Das liegt eben daran, daß in
der Bibel Gott zu uns redet. Und über Gott kann man eben
nicht so einfach von sich aus nachdenken, sondern man
muß ihn fragen. Nur wenn wir ihn suchen, antwortet er.
Natürlich kann man die Bibel *auch* lesen wie jedes andere

89

Buch, also unter dem Gesichtspunkt der Textkritik etc. Dagegen ist garnichts zu sagen. Nur daß das nicht der Gebrauch ist, der das Wesen der Bibel erschließt, sondern nur ihre Oberfläche. Wie wir das Wort eines Menschen, den wir lieb haben, nicht erfassen, indem wir es zuerst zergliedern, sondern wie ein solches Wort einfach von uns hingenommen wird und wie es dann Tage lang in uns nachklingt, einfach als das Wort dieses Menschen, den wir lieben, und wie sich uns in diesem Wort dann immer mehr, je mehr wir es »im Herzen bewegen« wie Maria (Lukas 2,19), derjenige erschließt, der es uns gesagt hat, so sollen wir mit dem Wort der Bibel umgehen. Nur wenn wir es einmal wagen, uns so auf die Bibel einzulassen, als redete hier wirklich der Gott zu uns, der uns liebt und uns mit unsern Fragen nicht allein lassen will, werden wir an der Bibel froh.

Wir können doch immer nur etwas suchen, das wir schon kennen. Wenn ich nicht weiß, was ich eigentlich suche, suche ich garnicht wirklich. Also wir müssen schon wissen, welchen Gott wir suchen, ehe wir ihn wirklich suchen. Weiß ich das nicht, so vagabundiere ich nur so herum, und das Suchen wird dann Selbstzweck, und nicht mehr das Finden ist die Hauptsache. Also finden kann ich nur, wenn ich weiß, was ich suche. Nun weiß ich von dem Gott, den ich suche, entweder aus mir selbst, aus meinen Erfahrungen und Einsichten, aus der von mir so oder so gedeuteten Geschichte oder Natur, das heißt eben aus mir selbst – oder aber ich weiß von ihm aufgrund seiner Offenbarung seines eigenen Wortes. Entweder ich bestimme den Ort, an dem ich Gott finden will, oder ich lasse Gott den Ort bestimmen, an dem er gefunden sein will. Bin ich es, der sagt, wo Gott sein soll, so werde ich dort immer einen Gott finden, der mir irgendwie entspricht, gefällig ist, der meinem Wesen zugehörig ist. Ist es aber Gott, der sagt, wo er sein will, dann wird das wohl ein Ort sein, der meinem Wesen zunächst garnicht entsprechend ist, der mir garnicht gefällig ist. Dieser Ort aber ist das Kreuz Jesu. Und wer ihn dort finden will, der muß mit unter dieses Kreuz, wie es die Bergpredigt fordert. Das entspricht unserer Natur garnicht, sondern ist ihr völlig zuwider. Dies aber ist die Botschaft der Bibel, nicht nur im Neuen sondern auch im Alten Testament (Jesaja 53!). Jedenfalls meinte das Jesus und Paulus so: mit dem Kreuz Jesu wird die Schrift, das heißt das Alte Testament erfüllt. Die ganze Bibel will also das Wort sein, in dem Gott sich von uns finden lassen will. Kein Ort, der uns angenehm oder von vornherein einsichtig wäre, sondern ein uns in jeder Weise fremder Ort, der uns ganz und gar zuwider ist. Aber eben der Ort, an dem Gott erwählt hat, uns zu begegnen.

So lese ich nun die Bibel. Ich frage jede Stelle: was sagt Gott hier zu uns? und ich bitte Gott, daß er uns zeigt, was er sagen will. Also, wir *dürfen* garnicht mehr nach allgemeinen, ewigen Wahrheiten suchen, die unserm eignen »ewigen« Wesen entsprächen und als solche evident zu machen wären. Sondern wir suchen den Willen Gottes, der uns ganz fremd und zuwider ist, dessen Wege *nicht* unsere Wege und dessen Gedanken *nicht* unsere Gedanken sind, der sich uns verbirgt unter dem Zeichen des Kreuzes, an dem alle unsere Wege und Gedanken ein Ende haben. Gott ist etwas ganz anderes als die sogenannte *ewige* Wahrheit. Das ist immer noch *unsere* selbsterdachte und gewünschte Ewigkeit. Gottes Wort aber fängt damit an, daß er uns am Kreuz Jesu zeigt, wohin alle unsere Wege und Gedanken – auch die sogenannten ewigen – führen, nämlich in den Tod und in das Gericht vor Gott.

Ist es Dir nun von dort aus irgendwie verständlich, wenn ich die Bibel als dieses fremde Wort Gottes an keinem Punkt preisgeben will, daß ich vielmehr mit allen Kräften danach frage, was Gott hier zu uns sagen will. Jeder andere Ort außer der Bibel ist mir zu ungewiß geworden. Ich fürchte dort nur auf einen göttlichen Doppelgänger von mir selbst zu stoßen. Ist es Dir dann auch irgendwie begreiflich, daß ich lieber bereit bin zu einem sacrificium intellectus (Preisgabe meines Verstandes) – eben in diesen Dingen und nur in diesen Dingen, das heißt im Blick auf den wahrhaftigen Gott! und wer brächte da eigentlich nicht an irgendeiner Stelle auch sein sacrificium intellectus?? – das heißt also zu dem Eingeständnis, diese oder jene Stelle der Schrift noch nicht zu verstehen, in der Gewißheit, daß auch sie sich eines Tages als Gottes eigenes Wort offenbaren wird, daß ich das lieber tue, als nun nach eignem Gutdünken zu sagen: das ist göttlich, das ist menschlich!?

Und ich will Dir nun auch noch ganz persönlich sagen: seit ich gelernt habe die Bibel so zu lesen – und das ist noch garnicht so lange her – wird sie mir täglich wunderbarer. Ich lese morgens und abends darin, oft auch noch über Tag, und jeden Tag nehme ich mir einen Text, den ich für die ganze Woche habe, vor und versuche mich ganz in ihn zu versenken, um ihn wirklich zu hören. Ich weiß, daß ich ohne das nicht mehr richtig leben könnte. Auch erst recht nicht glauben. Es gehen mir auch täglich mehr Rätsel auf; es ist eben immer noch ganz die Oberfläche, an der wir kleben. Als ich jetzt in Hildesheim wieder etwas mittelalterliche Kunst gesehen habe, ging mir auf, wieviel mehr die damals von der Bibel verstanden haben. Und daß unsere Väter in ihren Glaubenskämpfen nichts gehabt haben und haben wollten als die Bibel, und daß sie durch sie unabhängig und fest geworden sind zu einem wirklichen Leben im Glauben, das ist doch auch etwas, das zu denken gibt. Es wäre glaube ich sehr oberflächlich, wenn man sagte, es sei seither eben alles ganz anders geworden. Die Menschen und ihre Nöte sind gewiß die gleichen geblieben. Und die Bibel antwortet auf sie heute nicht weniger als damals. Es mag sein, daß das eine sehr primitive Sache ist. Aber Du glaubst garnicht wie froh man ist, wenn man von den Holzwegen so mancher Theologie wieder zurückgefunden hat zu diesen primitiven Sachen. Und ich glaube, in Sachen des Glaubens sind wir allezeit gleich primitiv.

In ein paar Tagen ist Ostern. Ich freue mich sehr darauf. Aber glaubst Du denn, daß einer von uns von sich aus diese unmöglichen Dinge, die da berichtet sind in den Evangelien glauben könnte und wollte, wenn nicht die

93

Bibel ihn hielte? Einfach das Wort, als Gottes Wahrheit, für die Er sich verbürgt. Auferstehung – das ist doch nicht ein in sich einsichtiger Gedanke, eine ewige Wahrheit. Ich meine es natürlich so, wie es die Bibel meint – als Auferstehung vom wirklichen Tod (nicht vom Schlaf) zum wirklichen Leben, von der Gottferne und Gottlosigkeit zum neuen Leben mit Christus in Gott. Gott hat gesagt – und wir wissen es durch die Bibel: siehe ich mache alles neu (Offenbarung 21,5). Das hat er wahr gemacht an Ostern. Müßte uns diese Botschaft nicht noch viel unmöglicher, ferner, abwegiger erscheinen als die ganze Geschichte vom König David, die demgegenüber doch fast harmlos ist?

Es bleibt also nichts als die Entscheidung, ob wir dem Wort der Bibel trauen wollen oder nicht, ob wir uns von ihm halten lassen wollen, wie von keinem andern Wort im Leben und im Sterben. Und ich glaube, wir werden erst dann recht froh und ruhig werden können, wenn wir diese Entscheidung getroffen haben ...

Quellenverzeichnis

Das Quellenverzeichnis folgt den Seitenangaben dieses Buches. Es weist auf den entsprechenden Band *Dietrich Bonhoeffer Werke (DBW)* und *Eberhard Bethge, Dietrich Bonhoeffer, Eine Biographie (DB)* hin. Bibliografische Angaben dazu s. S. 96. Ergänzt werden, wenn nicht an anderer Stelle angegeben, Hinweise zu Textzusammenhängen und Entstehungszeiten.

5	Fußnote 1 :	DBW 14, Seite 144f.
	Fußnote 2 :	DB, Seite 61.
	Fußnote 3 :	Jan Ross, Faust, Freud, Bach und die Bibel. *Die Zeit* 27. März 2002.
6	Fußnote 1 :	DB, Seite 750.
	Fußnote 2 :	DBW 14, Seite 999.
7	Fußnote 1 :	DBW 14, Seite 999.
	Fußnote 2 :	DBW 14, Seite 144.
	Fußnote 3 :	Friedrich-Wilhelm Marquardt, Zuhören, weniger reden! *Süddeutsche Zeitung* 13. März 2002.
8	:	DB, Seite 51.
9-10	:	DBW 14, Seite 112f. Brief an Elisabeth Zinn am 27. Januar 1936.
11	:	DBW 11, Seite 313.
12-14 oben	:	DBW 9, Seite 305-308. Arbeiten zur theologischen Orientierung. 1925.
14	:	DBW 12, Seite 314f. Vorlesung Christologie. Sommersemester 1933.
15	:	DBW 11, Seite 353.
16-18	:	DBW 3, Seite 25f., 30, 34. Theologische Auslegung von Genesis 1-3. Wintersemester 1932/1933.
19-23	:	DBW 3, Seite 38-41. Theologische Auslegung von Genesis 1-3. Wintersemester 1932/1933.
24	:	DBW 8, Seite 50.
25	:	DBW 10, Seite 350f. Arbeiten aus der Berliner Zeit. 1930.
26	:	DBW 11, Seite 403. Predigt zu Matthäus 24, 6-14 am 21. Februar 1932.
27-28	:	DBW 11, Seite 415f. Andacht zu Johannes 8,31f. 1932.
29	:	DBW 6, Seite 141.
30-42	:	DBW 11, Seite 426-435. Predigt am 29. Mai 1932.
43	:	DBW 8, Seite 360.
44-45	:	DBW 13, Seite 324f. Predigt zu 2. Korinther 5,10 am Bußtag 19. November 1933.
46-48	:	DBW 13, Seite 351ff. Predigt zu Psalm 98,1 am Sonntag Cantate 29. April 1934.
49	:	DBW 8, Seite 72.
50-55	:	DBW 5, Seite 38-43. Der gemeinsame Tag. 1938.
56	:	DBW 11, Seite 233.
57-66	:	DBW 15, Seite 518-520, 523-529, 531-532. Meditation über Psalm 119. 1939/1940.
67-69	:	DBW 16, Seite 23f. Brief an Ruth Roberta Stahlberg am 23. März 1940.
70	:	DBW 8, Seite 214f.
71-72	:	DBW 16, Seite 488f. Vortragsentwurf zum Thema »Herrlichkeit«. 1940.
73	:	DBW 13, Seite 393.
74-75	:	DBW 16, Seite 495, 496, 497. Vortragsskizze: Theologie und Gemeinde. 1940.
76	:	DBW 16, Seite 325.
77-78 oben	:	DBW 8, Seite 226f. Brief an Eberhard Bethge am 2. Advent 1943.
78-79 unten	:	DBW 8, Seite 499ff. Brief an Eberhard Bethge am 27. Juni 1944.
79 unten-81 oben	:	DBW 8, Seite 533f. Brief an Eberhard Bethge am 16. Juli 1944.
81-82 oben	:	DBW 8, Seite 548f. Brief an Eberhard Bethge am 28. Juli 1944.
82-84	:	DBW 14, Seite 411ff. Vergegenwärtigung von neutestamentlichen Texten. 1935.

85	:	DBW 8, Seite 69f.
86-87	:	DBW 8, Seite 572f. Brief an Eberhard Bethge am 21. August 1944.
88	:	DBW 8, Seite 402.
89-94	:	DBW 14, Seite 144-148. Brief an Rüdiger Schleicher am 8. April 1936.

Dietrich Bonhoeffer Werke

Herausgegeben von
Eberhard Bethge (†), Ernst Feil, Christian Gremmels, Wolfgang Huber,
Hans Pfeifer, Albrecht Schönherr, Heinz Eduard Tödt (†), Ilse Tödt

Band 1 (DBW 1): **Sanctorum Communio.** Eine dogmatische Untersuchung zur Soziologie der Kirche. Herausgegeben Joachim von Soosten (1986).

Band 2 (DBW 2): **Akt und Sein.** Transzendentalphilosophie und Ontologie in der systematischen Theologie. Herausgegeben von Hans-Richard Reuter (1988, ^{2}2002).

Band 3 (DBW 3): **Schöpfung und Fall.** Herausgegeben von Martin Rüter und Ilse Tödt (1989, ^{2}2002).

Band 4 (DBW 4): **Nachfolge.** Herausgegeben von Martin Kuske und Ilse Tödt (1989, ^{3}2002).

Band 5 (DBW 5): **Gemeinsames Leben. Das Gebetbuch der Bibel.** Herausgegeben von Gerhard L. Müller und Albrecht Schönherr (1987, ^{2}2002).

Band 6 (DBW 6): **Ethik.** Herausgeben von Ilse Tödt, Heinz Eduard Tödt (†), Ernst Feil und Clifford Green (1992, ^{2}1998).

Band 7 (DBW 7): **Fragmente aus Tegel.** Herausgegeben von Renate Bethge und Ilse Tödt (1994).

Band 8 (DBW 8): **Widerstand und Ergebung.** Herausgegeben von Christian Gremmels, Eberhard Bethge (†) und Renate Bethge in Zusammenarbeit mit Ilse Tödt (1998).

Band 9 (DBW 9): **Jugend und Studium 1918-1927.** Herausgegeben von Hans Pfeifer in Zusammenarbeit mit Clifford Green und Carl-Jürgen Kaltenborn (1986).

Band 10 (DBW 10): **Barcelona, Berlin, Amerika 1928-1931.** Herausgegeben von Hans Christoph von Hase und Reinhart Staats in Zusammenarbeit mit Holger Roggelin und Matthias Wünsche (1991).

Band 11 (DBW 11): **Ökumene, Universität, Pfarramt 1931-1932.** Herausgegeben von Eberhard Amelung und Christoph Strohm (1994).

Band 12 (DBW 12): **Berlin 1932-1933.** Herausgegeben von Carsten Nicolaisen und Ernst Albert Scharffenorth (1997).

Band 13 (DBW 13): **London 1933-1935.** Herausgegeben von Hans Goedeking, Martin Heimbucher und Hans-Walter Schleicher (1994).

Band 14 (DBW 14): **Illegale Theologenausbildung: Finkenwalde 1935-1940.** Herausgegeben von Otto Dudzus (†) und Jürgen Henkys in Zusammenarbeit mit Sabine Bobert-Stützel, Dirk Schulz und Ilse Tödt (1996).

Band 15 (DBW 15): **Illegale Theologenausbildung: Sammelvikariate 1937-1940.** Herausgegeben von Dirk Schulz (1998).

Band 16 (DBW 16): **Konspiration und Haft 1940-1945.** Herausgegeben von Jørgen Glenthøj (†), Ulrich Kabitz und Wolf Krötke (1996).

Band 17 (DBW 17): **Register und Ergänzungen.** Herausgegeben von Herbert Anzinger, Hans Pfeifer unter Mitarbeit von Waltraud Anzinger und Ilse Tödt (1999).

(DB): Eberhard Bethge: **Dietrich Bonhoeffer.** Theologe - Christ - Zeitgenosse. Eine Biographie. 7., aktualisierte Auflage 2001.

Alle genannten Werke sind im Chr. Kaiser / Gütersloher Verlagshaus, Gütersloh erschienen.